기대는 늘 꿈처럼 살아서

양창삼 시집(詩集) 16

기대는 늘 꿈처럼 살아서

기대는 늘 꿈처럼 살아서(양창삼 시집 ⑯)

2025년 10월 25일 초 판 1쇄 인쇄
2025년 10월 30일 초 판 1쇄 발행

저 자 • 양 창 삼
발행인 • 조 경 혜
발행처 • 도서출판 그리심
08514 서울시 금천구 디지털로 10길 37 (726호)

등록번호 • 제 7-258호(1998. 4. 23)
출판사 • Tel 523-7589, Fax 6008-6699

전자우편 • grisimcho@hanmail.net
홈페이지 • grisim.net
• grisim.biz

ISBN 978-89-5799-517-4 (03810)

머리말에 붙여

하루하루가 늘 기적이었다.
눈을 뜰 때마다 감사했고,
무엇으로 보답할까 싶어 시를 지었다.
시는 내 삶의 일기장이다.
첫 시집을 냈을 때 박두진 시인은
나의 시 중에 하나를 골라 제목을 삼고, 글을 써 주셨다.
그때 나는 꿈 많은 학생이었고, 시들도 그랬다.
들에서 꽃 피며 자란 시들은 이제 열여섯 고개를 넘는다.
풍성한 가을을 맞기엔 하늘이 높기만 하다.
시는 나의 부끄러움을 담기도 하고, 미소도 담았다.
하지만 어쩌랴. 그것이 나인 것을.
앞으로 얼마나 높은 시의 고지를 넘을 수 있을까?
고민되기도 하지만 뚜벅뚜벅 걸어갈 것이다.
여러분과 함께.
그리고 모든 영광을 주님께 돌린다.
늘 지켜주시고, 힘주셨기에.

양 창 삼

차 례

차 례

차 례

차 례

기대는 늘 꿈처럼
살아서

1. 기대는 늘 꿈처럼 살아서

사람이든 자연이든
첫 시선엔 빛보다 빠른 느낌이 있다.
그것이 우리에게 무엇을 가져다줄지
장담할 수 없지만
그 하나는 마음에 줄을 그은 것 같아서
쉽게 지워지지 않는다.
기대는 늘 꿈처럼 살아서
다음을 약속하고 만남을 준비한다.
채워지지 않는 욕심 탓에
때론 설익은 과일이 되어 떨어지기도 하지만
올제를 상상하면 기쁨이 차오른다.
그것을 아무에게나 내어줄 수 없기에
더 기다려지고, 날마다 값이 뛴다.
그날이 오면 해는 더 높이 떠 우리를 비추고
바람은 춤추며 환영사를 읽을 것이다.
당신이 주인공이 되는 그 순간
빛은 더 굵게 쏟아지리라.

2. 자유는 날개가 필요하지 않다

오늘도 길을 걷는다.
익숙한 길은 말을 하지 않아도
발이 먼저 간다.
길은 어디든 있다.
서울에도 있고, 부산에도 있고
강원도에도 있다.
그래도 몸이 허락한 만큼만 걷는다.
굳이 만 보가 아니어도 좋다.
때론 공원의 벤치에 조용히 앉아
생각이 만들어낸 길을 걷기도 한다.
그곳엔 아무나 찾아올 수 없어
나만의 방식으로 세상을 휘젓는다.
생각은 발이 필요하지 않다.
금방 북유럽 어느 호수에 닿기도 하고,
이태리 교회 돔에 오르기도 한다.
그래도 아무도 방해하지 않는다.천지에 이런 자유가 또
어디에 있으랴.
자유는 날개가 필요하지 않다.

3. 사람들이 할 말을 잃었다

발은 순진하다.
명령만 내리면 말없이 순종한다.
한 번도 거절한 적이 없다.
그렇게 착할 수 없다.
그래서 주인은 늘 구두도 사주고, 운동화도 사준다.
그것이 발이 그리워하는 외투인 것을 알기에.
그런데 그 발이 오늘따라 폭군으로 변했다.
닥치는 대로 차고, 밟는다.
세상에 발이 그렇게 변했단 말인가.
성깔도 보통이 아니네.
그러면 안 되지.
모두 놀라서 모두 어쩔 줄 모른다.
이 일을 지켜본 동네 새들이 짹짹거리며 말을 건다.
"그것은 발이 나빠서가 아니에요. 짹짹.
주인이 못돼서 그런 거지요. 짹짹."
아니, 새는 머리가 나쁘다는데 어떻게 알지?
"저희는 그 정도는 알아요. 사람만 모르지."
사람들이 할 말을 잃었다.

4. 비가 문을 두드린다

밤새 비가 문을 두드린다.
어느 땐 크고 다급한 목소리로 외친다.
급한 일이 생겼음에 틀림없다.
문을 열자
와락 나에게 안긴다.
그렇게 아팠다면 미리 말해주지.
나는 그의 긴 머리카락을 만지며
그만 함께 울고 말았다.

5. 약속

공기는 보이지 않지만
그 너른 공간을 휘저으며 바람처럼 퍼진다.
아침 공기는 너무 신선하여
그냥 먹어도 맛있다.
햇빛은 또 어떻고.
하늘을 가르고 내려와
우리 가슴을 뚫고 지나간다.
그 진한 능력 앞에 누가 감히 맞설까.
그 앞에 서 있기만 해도 자랑스럽다.
그들과 친하다는 것은
얼마나 과분한 것일까.
하지만 그들이 매일 찾아와
우리의 이름을 부르며 노래하고 있다.
그들을 거부하면 지축이 상할 것이니
후회할 짓은 하지 말고
모두 함께 잘 지내자꾸나.
약속.

6. 늘 설렘과 기쁨 떠나지 않게 하시고

우리 속에 사모하는 마음 주시고 서로 격려하며 사랑하게 하시니 감사합니다. 닫힌 마음 열어 통하게 하시고, 우리 안에 꽃이 피게 하시니 감사합니다. 늘 설렘과 기쁨이 떠나지 않게 하시고, 꿈 없이 잠들지 않게 하옵소서. 순간마다 당신의 의로운 말씀이 살아 움직이고, 그 말씀으로 우리 영혼이 깨어나기를 원합니다.

우리에게는 바람이 있습니다. 우리의 뜰이 더 이상 황량하지 않게 하시고 마른 심령에 비를 내려주옵소서. 아픈 자에게는 일어날 힘을 주시고, 주리고 목마른 자에게는 하늘 양식으로 배부르게 하옵소서. 우리는 언제나 당신과 함께 하기를 원합니다. 당신에게서 멀어지지 않게 우리의 손 꼭 잡아 주소서.

7. 처음부터 빛과 함께 할 것이거늘

햇살이 퇴거 명령을 받았다.
며칠 내로 자리를 비워야 한다.
그렇지 않으면 강제 조치할 것이다.
더 이상 할 말이 없다.
온갖 수사로 설득하고 호소해 보았지만
받아주는 자가 없다.
모두가 한 통속이다.
너마저 허락지 않는 세상이 되었으니
이제 무엇을 기대할 수 있을까.
그렇다고 고개가 꺾일 너더냐
거부당한다 해도 하늘은 언제나 열려있다.
나는 외칠 것이다.
"빛이 있으라 하신 이의 호령이 네게 떨어졌으니
거짓은 불타 없어질 것이다."
그 말에 어둠의 자식들이 기겁하며
한 줄기 빛이라도 잡을 수 있을까 허둥댄다.
가엽도다. 가엽도다.
처음부터 빛과 함께 할 것이거늘.

8. 세상사 급해도 천천히 가시게

능선에 닿자 숨 고르기에 바쁘다.
지난 세월이 아무리 고달파도
이 순간이 있어 얼마나 다행인가.
깊이 들이키며 상처 난 마음 다독이고
내쉬며 찌든 때 씻어낸다.
무엇을 하느냐 묻지 말게
고통을 재우는 중이니.
하산할 땐 천천히 가시게.
굽은 길 살피고, 지름길도 조심하게.
오르기보다 내려가기 쉽지 않고
넘어지면 돌아올 수 없는 다리도 있다네.
덤벙대다 깨어지면 물어줄 사람 없으니
모두 알아서 가시게.
평지에 닿으면 숨이 편안해지고
그때 모두 말하게 될 걸세.
뭐래도 이곳이 우리 땅이야. 우리 땅
세상사 급해도 천천히 가시게

9. 천국 전화

조용한 방에 벨이 요동친다. 요즘같이 각박한 세상에 안부가 사치일지 모르지. 하지만 친구 전화야 그저 반갑다. 작은 관심이지만 작지 않다. 자네, 살아있나? 봐라. 이렇게 펄펄 살아있다. 밥 먹었나? 터지게 먹었다. 소식 전해라. 오래 살려면. 싱거운 대화, 하지만 맛은 묵은 지다. 다음 날도 다를 게 없다. 잘 지나고 있나? 그럼 잘 지내고 있지. 무슨 소식 없나? 별 소식 없다. 그럼 됐다. 무소식이 희소식이다. 싱겁기는.

하지만 주제가 담긴 안부도 있다. 요새, 잘 다니나? 나야 잘 다니지. 주민이는 요새 나들이 못 한다, 하던 데. 그래? 그러면 안 되는데. 걱정해 주는 멋이 있어야 친구 아니겠나. 안부가 없는 날은 궁금증이 도진다. 무슨 일이 일어난 것은 아니겠지. 아무 일 없어야 할 텐데. 그러다 갑자기 이런 전화 받을까 겁난다. 야, 천국서 전화한다. 잘 지내지? 뭐라고? 천국이라니까. 천국. 뭐? 천국서 전화한다고?

10. 잊히는 것이야 막지 못한다 해도

늦게 온 봄이 금방 떠날 준비를 한다.
왜 계절조차 참지 못하고 서두를까.
무엇이 무섭고, 무엇이 두려운 걸까.
집 짓고 오래 살 것 같더니만
금방 돌아앉는 너를 누가 탓할까.
겉치레 세상에 속지 마라.
그 어느 것도 세월 이길 장사 없다.
봄, 너도 늙어가고 병든 게야.
잊히는 것이야 막지 못한다 해도
꽃잎 하나쯤 남겨둬라.
그래야 아쉬운 마음
조금이나마 달랠 수 있지 않겠느냐.
가는 날, 미소 짓고 가라.
후회할 말은 접고, 그냥 훌훌 털고 가라.
깃털처럼 가벼운 몸으로.
언젠가 노을 낀 구름 빗기며 말하겠지.
내가 저기에서 왔노라고.
그곳에서 아름답게 피다 왔다고.
잠시나마.

11. 갈라진 금처럼, 금처럼

금이 부쩍 많아졌다.
진짜 금이라면 벌써 부자 되었겠지.
그런 금이 아니다.
쩍쩍 갈라진 금, 금

햇빛을 막느라
온몸이 찢긴 채 피를 흘리고 있다.
이리저리 갈리고 망가져도
십자가에 달린 예수님처럼 말이 없다.

모두를 위해
쏟아지는 햇살을 온몸으로 막으려면
가슴을 조각내는 아픔을 겪어야 한다.
아주 아름답게
쩍쩍 갈라진 금처럼, 금처럼

12. 꽃비가 흐드러지게 날리던 날

여름에는 눈여겨보지 않았다.
그저 평범했기에.
가을에도 눈여겨보지 않았다.
그냥 지는가보다 했다.
겨울에는 죽은 줄 알았다.
굳은 채 서 있었기에.
그런데 봄기운이 돌자 갑자기 달라졌다.
여기저기서 벚꽃이 팝콘처럼 터지고
가지마다 진한 웃음이 줄줄이 걸렸다.
주변은 금방 축제 마당으로 변한다.
이곳저곳에서 셔터를 눌러대며 사랑을 고백한다.
놀란 꽃들은 감동의 눈물을 줄줄 흘린다.
꽃비가 흐드러지게 날리던 날
왕벚나무가 이윽고 대왕으로 등극한다.

13. 저마다 모습이 달라도

저마다 모습이 달라도 헐뜯지 않고
끝까지 아름다움 지킬 수 없을까.

한 곳에 뿌리내린 다음 그것에 만족하고
숨질 때까지 그 자리 지킬 수 없을까.

바람을 친구삼아 춤을 춰도 마음 부하고
기진한 때에도 멋지게 손 흔들 수 없을까.

함께 한 삶을 기뻐하며
죽을 때까지 서로 손잡을 수 없을까.

14. 당신이 우리의 모든 것 되심이

잔바람에도 이리저리 휘는 풀,
그 가냘픈 몸에 꽃이 핍니다.
가늘고 긴 가지 움튼 자리에도 꽃이 핍니다.
보이지 않는 당신의 사랑 때문입니다.

죄로 물든 다리와 손, 그리고 가슴까지
조금도 의로울 것 없는 우리가
입을 열어 찬양합니다.
당신의 은혜가 너무 크기 때문입니다.

한 걸음만 비틀려도 쓰러지는 우리가
오늘 밝고 건강한 마음으로 당신 앞에 섰습니다.
당신을 사랑하기 때문입니다.

이 세상에
당신을 빼고 말할 수 있는 것이 하나도 없으니
당신이 우리의 모든 것 되심이 확실합니다.

15. 우리의 머문 자리가 에덴이 되게 하시고

사람들은 아침 햇볕이 드는 그곳을 '조양가'(朝陽街)라 불렀습니다. 무덤과 주검이 자리한 그곳을 '행복로'라 했습니다. 그때 우리는 그 이유를 알지 못했습니다. 그곳에서 마냥 걷고 뛰며 노래했지요. 하지만 그곳이 정작 에덴이었음을 몰랐습니다. 우린 너무 어리고 철이 없었습니다. 노을 진 지금 동산의 문은 닫히고 고요합니다. 우리는 모두 새가 되어 멀리 날아갔고 지금은 아하와 강가에 앉아 그곳을 그리워합니다. 조양의 빛을 붙잡고, 행복을 붙잡으며 묻습니다. 그 빛은 무엇이고, 참 행복은 무엇인가.
그것은 주님이 그리 아끼던 것이었습니다. 보석 같은 그것을 아낌없이 내어주며 살도록 하셨습니다. 세월이 지난 후 이제야 우리는 그 가치를 눈여겨보며 기억을 더듬고 있습니다. 훗날 "그것이 무엇이냐?" 물을지 모를 그 순간을 위해 우리의 혼과 생명을 다합니다. 동산에 빛을 허락하시고 복에 복을 더하옵소서. 남은 생애 더 아끼고 보듬으며 사랑하게 하옵소서. 그 빛과 사랑을 전하고 나누며 살게 하옵소서. 우리의 머문 자리가 에덴이 되게 하시고 온 누리에 주의 영광이 빛나게 하옵소서.

16. 오늘따라 인호 모습이 크게 보인다

애틀랜타에 와서 윤삼이 만났다며 단톡방에 사진과 글 올리니 종만이는 반갑다 하는데 시카고의 인호는 가만있지 않는다. “자네가 지금 애틀랜타를 방문하나 본 데 혹시 예전 공부하던 일리노이는 안 들리나? 여기 다섯 명이 옛 유학생인 자네를 반기려 대기 중이라네.” 연신 신호를 보낸다.

‘일리노이’ 소리 들으니 반갑다. “두 아들 졸업식 때도 못 갔는데 손자가 졸업하니 오게 됐어. 손자 졸업식 때 못 간다고 했더니 섭섭해하는 아들 모습이 눈에 밟혀 결국 오게 됐네. 아비 값을 치르는지 할배 값을 치르는지 모르겠네. 하나님께서 언제 시카고 가는 길을 열어주시기를. 하여튼 반갑다.” 하자 부산의 남표노 서울의 경옥이도 ‘좋아요’ 누른다. 시카고는 언제 다시 볼 수 있을까. 오늘따라 인호 모습이 크게 보인다.

17. 모래는 점점 금빛으로 익어가는데

버지니아 비치
바닷새들이 아침 파도 위를 거침없이 난다.
이리저리 오가며 수색하는 것 보아
뭔가 잡으려는 것이 확실하다.

혹시 파도에 쓸려 정신 잃은 것들을
잽싸게 낚아채는 것은 아닐까 싶어
눈 부릅뜨고 바라본다.

해변 모래는 점점 금빛으로 익어가는데
파도는 한 푼도 내지 않고 자꾸만 훔치려 든다.

해변도 조용하지 않다.
진한 싸움터다.
우리가 미처 몰랐을 뿐

18. 여름을 지워야 가을이 온다

여름을 지워야 가을이 온다.
땀도 지우고
녹음도 지우고
더위도 지우고
나도 지우고
너도 지우고
지우개가 마구마구 닳아 없어질 즈음
가을이 두리번거리며 걸어온다.

19. 당신이 오늘 그 한 사람이 되어다오

하루는 작은 생각에서 시작한다.
경이와 감사로 쪽빛을 내며 그렇게 종일 태우며 간다.
그래서 세상이 아름다운 것이지.
삶은 늘 싱그럽다.
작은 것을 크게 보면 더 큰 것을 얻는다.
누가 그것을 작다 했는가.
모든 것은 그것에서 출발한다.
힘찬 첫걸음이 만보를 좌우한다.
가슴이 꽉 차오른다.
작은 것이 모여 큰 것을 세운다.
하나하나 쌓이면 둑을 이루고
거대한 물을 담아 모두를 풍성하게 한다.
사람들은 눈을 크게 뜬다.
생명은 그것으로부터 시작한다.
한 사람이 빛을 내면 사방이 밝아진다.
한 사람의 꿈이 세상을 이끈다.
당신이 오늘 그 한 사람이 되어다오.
세상이 아주 놀라도록

20. 사명이 순명이 될 때 우리를 기억하옵소서

주님, 지금 주님 앞에 무릎 꿇은 귀한 종들을 보옵소서. 하늘 문을 열어 저들을 축복하고 정결하게 하옵소서. 세상이 감당할 수 없는 주의 사랑에 이끌려 여기까지 왔고 이제 당신을 힘입어 거룩하고 진실한 마음으로 더 깊은 자리, 순종의 자리로 나아가고자 합니다. 절대 의로울 수 없는 자가 주의 보혈로 의롭게 되어 주의 사랑을 널리 전하고 나누는 일에 참여하고자 합니다.

사명이 순명이 될 때 우리를 기억하옵소서. 먼 곳에 가고, 외로운 곳에 서 있다 할지라도 주의 영이 함께 하심을 믿습니다. 이제 주의 종으로 충직한 삶을 살고자 합니다. 풍파에 흔들리지 않고, 견고하게 하옵소서. 우리를 향한 주의 언약이 우리를 감싸고 주님을 향한 우리의 기도와 감사가 끊이지 않게 하옵소서. 주의 용사 된 종들을 기억하시고, 은혜로 덮어주옵소서. 때마다 일마다 종들을 살피시고, 힘주시는 우리 주 예수 그리스도 이름으로 기도하옵나이다. 아멘

21. 난 오늘 위에 무슨 그림을 그릴까

꽃은 색으로 말한다. 화려하다. 하지만 아무도 관심을 두지 않는 밤이 더 화려하다는 사실, 누가 알까. 생각은 자유를 얻는 순간 마구 뛴다. 훌쩍 커버린 녀석은 아무도 잡을 수 없다. 놓아주어야지 별 수 있나. 자기를 기준으로 삼는 자들 사이엔 끼지 마라. 숨이 턱턱 막힌다. 동도 다른 쪽에서 보면 서인 것을 왜 모를까. 조금만 비틀면 보이는데 그조차 용납하지 못한다. 유월절 맛조(Matzo)가 아침 식탁에 오른다. 먹으며 광야의 백성을 생각하려는 순간, 깨어지고 부스러지는 소리에 되레 내가 놀란다. 잔말 말고 빨리 짐을 싸야겠다.

과거로 깊숙이 숨어들자 익숙지 않은 것들이 유령처럼 다가온다. "세상을 바꾸고 내일을 밝히자." 외치는데도 세상은 변하지 않고, 소리만 늙어간다. 차라리 나를 바꿀걸. 순서가 잘못되었다. 나 밖에서 나를 바라보기로 했다. 나는 과연 누구인지 무엇을 말하고 싶은지 물어본다. 그런데 아무 답도 들리지 않는다. 그런 질문은 허용되지 않는단 말이겠지. 그 사이 빛이 잠시 문에 그림을 그리며 지나간다. 순간 여러 생각이 오간다. 난 오늘 위에 무슨 그림을 그릴까?

22. 하나님, 우리가 무슨 잘못을 했습니까

열기가 온 지구를 데우고 있다.
여기저기서 신음이 들린다.
삶이 점점 무서워진다.

갑자기 통지문이 뜬다.
"무더위가 여기저기서 공격하고 있다. 도망하라."
그런데 한 몸조차 둘 곳 없다.

튀던 생각은 금방 빛에 파괴되고
싱그럽던 것들도 숨죽은 모습이다.
모두 더위를 먹었나.
몸도 가누지 못해 휘청거린다.
올여름 잘 견딜 수 있을까.

구름마저 힘들게 고개를 넘는 날
산 너머에 불벼락이 떨어진다.
아이고, 하나님, 우리가 무슨 잘못을 했습니까.

23. 하여튼 입은 무거워야 해

동네에서 이런저런 말 오가는데
칭찬이 입에 잔뜩 달렸다.
누군가 귀 간지럽겠다.
칭찬, 얼마나 곱고 좋나.
칭찬은 고래도 춤추게 한다는데.

다들 그 사람 좋다고 침 튀기는데,
산전수전 다 겪은 아낙이 거부권을 행사한다.
"그 사람하고 살아봤어?"
그 말에 싹 입을 닫고 말았지.
살아본 것은 아니잖아.

입으로야 무슨 말을 못 해.
무턱대고 칭찬하면 안 되지.
그동안 높이 쌓았던 탑이 무너지는 순간
모두 부끄러운 입, 땡처리 하기 바쁘다.
하여튼 입은 무거워야 돼.
지금도 잊지 못하겠다. "살아봤어?"

24. 오늘도 돌아올 너를 기다리는

별만 보고 살면 발밑에 있는 아름다움을 놓칠 수 있지. 별은 항상 눈을 반짝이지만 그저 네 눈을 멀게 할 뿐이다. 바로 곁에 있는 친구는 오늘도 어제처럼 네 발을 붙잡으며 기쁨을 토해낸다. "나 여기 있어요."

그럼에도 너는 관심조차 두지 않는다. 무정하기는. 오히려 너는 별을 보며 고백한다. "나 여기 있어요." 별은 무심하게 눈만 깜빡거릴 뿐. 어제처럼. 짝사랑 길면 길수록 허탈만 남을 것이다.

여보게, 이젠 미련 따윈 과감히 접고 네 곁을 눈여겨보게나. 기꺼이 친구 되어줄 이름, 꽃이라네. 신이 자네를 위해 정성스레 싸 보낸 청순함 그대로 이름도 고운 꽃. 넘어질 때 열 손 펴고, 외로울 때 미소 지으며, 오늘도 돌아올 너를 기다리는 꽃이라네.

25. 내가 찾아야 할 너의 가치

오늘 나눈 많은 대화 가운데
그래도 값어치 있는 것을 고르려는데
서로 눈치 보며 어쩔 줄 모른다.
말이란 입에서 용감하게 튀어나오지만
시간이 지나면 푹 식은 죽 같아서
무엇이 좋은지 헷갈릴 때가 있다.
그 중 묵은 지 닮은 놈을 눈여겨보고 있는데
홍당무를 먹었는지 얼굴이 벌겋다.
그래도 시간이 텅 비어 적적할 때
너를 불러내 과거사 풀어보라면
시원한 국물처럼 맛있어
입 다실 나를 본다.
그렇지 살진 대화는 언제 꺼내 먹어도 맛있는
때로는 까칠해도 맛깔난 것이 제격 아니겠나.
어차피 가치는 고루고루 판단할 것이니
부끄러워하지 말고 고개를 높이 드시게.
숨으려 하지 말고 맛을 제대로 드러내시게.
그것이 내가 찾아야 할 너의 가치 아니겠나.

26. 시간이 가면 친해져 이런저런 얘기도 하고

없다면 이것을 가져도 좋으니 괘념치 말게
그래도 이놈은 각국을 제 마당처럼 돌았고
지금은 안식을 취하고 있으니
충전은 되고도 남았을 것이네.
좀처럼 미안해할 것도 없네.
시간이 가면 친해져 이런저런 얘기도 하고
토담 아래서 얻어들었던 것까지
조금씩 절여 내놓으면 진찬이 따로 없네.
나이가 들면 더 이상 숨길 것 없는 거야.
살 만큼 살았는데 감출 것도 없지.
이런저런 것들이 마구 버무려질 때
아낙의 손은 그저 신나는 것 아니겠나.
그것에 초고추장 한 주먹 올리면
모두가 빨개지지. 아니 그런가.
가다가 지치면 쉬어가게나.
아무 데나 털썩 주저앉지 말고
그래도 조금 얌전떨며 앉게나.
그것이 예의일지 어찌 알겠는가.
이 정도 것이니 알아서 하게나.

27. 바람 따라 손짓하는 휘황찬란한 내일을

숨긴 것 찾지 못해 방황하는 기억이나
다니던 길인데 딴 세상이다 싶은 것이나
알고 지나던 사인데도 가물가물한 순간이나
기다리던 것도 잊고 언제 그랬나 싶은 것이나
다 한 통속 아니겠소.
이젠 녹슨 기억조차 믿을 것 못 되어
그냥 내버리고 싶겠지만
그리 쉬운 일은 아니지요.
지팡이 높이 들고 휘휘 저어 보지만
잡히는 것 없으니 어쩌겠소.
그것이 어찌 사람뿐이겠소.
세상도 다 그 길로 가고 있으니
그나저나 마찬가지 아니겠소.
그래도 정신 줄 꼭 잡아야 내일을 만날 수 있소.
빛, 바람, 잎 새 춤추는 내일을

28. 지금쯤 기다리느라 지쳐있겠지

내일을 새롭게 기대한다면
익숙했던 것과는 잠시 헤어져야 한다.
버리라는 것은 아니다.
여행하듯 훌쩍 자리를 비우면
남은 자는 나름대로 자유를 누릴 것이다.
주인공이 자리를 비웠으니 얼마나 가슴 뿌듯할까.
때로는 그런 비움이 필요하다.
떠나는 자는 두려움에 주춤거리기도 하지만
변화가 주는 기쁨에 용기를 얻는다.
경이로움에 내일을 기약하기도 하지만
지키지 못할 약속은 아예 하지 않는 것이 좋다.
점점 집에 돌아갈 시간이 다가온다.
미지의 섬에서 발을 돌려
너를 향할 것이다.
지금쯤 기다리느라 지쳐있겠지.
아마도(島)에서

29. 너는 하찮은 존재가 아니라 원래 보물이었고

너는 척결의 대상이었다.
아침저녁으로 쓸고 닦는 이유는
너의 존재를 거부하려는 본능 때문이었지.
그런데 네가 오늘의 지구를 있게 한
최초의 존재였음을 안 뒤엔 다시 보기로 했다.
원시 태양 주변을 돌던 원반 위 자그마한 먼지 알갱이가
차츰 뭉쳐 자란 것이 그 시작점이었다.
너는 오늘도 대기권으로 날아오르며 빛을 반사하고
땅에 내려앉은 것들은 열심히 열을 흡수한다.
너는 오늘도 창과 방패가 되어 우리를 보호하고
내일의 기후변화도 네게 달렸다 하니
어찌 감히 너를 하대할 수 있을까.
이젠 우리 중심에 세워 예를 갖출 것이다.
너는 하찮은 존재가 아니라 원래 보물이었고
너로 인해 우리가 존재했으니

30. 빗긴 금 사이로 빛이 쏟아져 들어온다

빛과 그림자의 경계가 흐릿해지더니
마침내 빛도 없어지고 그림자도 없어졌다.
덧칠해진 것들이 찢긴 깃발을 펄럭이며
소리를 지르기 시작했다.
사람들이 길가로 뛰쳐나오다 그만 놀라고 말았다.
나도 모르고 너도 모르는 세상이 되어
온갖 혼잡한 일들이 벌어지고 있기 때문이다.
어떤 것은 존재 아닌 존재를 드러내고자 하고
다른 쪽에선 그것을 애써 지우려 한다.
판세를 읽기 어려워 구름에게 지원요청을 했다.
그도 손사래 치며 물러나려 하는데
빗긴 금 사이로 빛이 쏟아져 들어온다.
순간 모든 허구가 드러나고
거짓은 숨이 가빠졌다.
그러니 급히 절망할 일은 아니지.
기다리면 시간은 올 것이고
마침내 새 아침이 기지개 켤 것이니 참으시게.

31. 저들의 마음을 강하고 담대하게 하옵소서

주님, 당신의 종들이 무릎을 꿇었습니다. 마음을 모으고 손을 들었습니다. 거룩히 구별된 시간입니다. 더 이상 세상의 헛된 바람에 흔들리지 않게 하시고, 오직 성령으로 충만케 하옵소서.

주께서 가라 하신 그곳에 갑니다. 그 땅이 유대가 될지 사마리아가 될지 땅끝이 될지 저희는 모릅니다. 주님이 이끄시는 그곳에서, 섬기는 자로 살게 하옵소서. 어디를 가나 주의 백성으로 살고, 주의 나라를 세우게 하옵소서. 종들의 걸음을 축복하시고, 은혜 위에 은혜를 더 하시옵소서. 주를 위한 충성과 감격이 식지 않게 하시고, 최고의 기쁨을 누리게 하옵소서. 저들의 마음을 강하고 담대하게 하옵소서. 오직 주의 이름만 높임을 받으소서. 주의 나라는 영원하고, 주의 통치는 무궁합니다.

32. 겨울궁전을 가로지르는 신비의 강 앞에서

혹시 빙하의 나라를 보신 적 있나요. 한때는 지구를 삼분하고, 그것 중 하나를 차지한 대제국의 나라입니다. 산을 깎아 깊고 너른 골짜기를 만들고 암석 곳곳에 지문을 남기는 놀라운 능력을 가졌습니다. 누가 한 번도 명령을 내린 적 없지만 그들은 모두 하나 되어 움직이며 세상을 평정합니다.

빙하는 잠자는 듯 보이지만 지금도 긴 숨 내쉬며 다음 이동을 준비합니다. 그것이 물길 따라 움직이기 시작하면 모든 것은 떨며 그들이 만들어낼 세계를 주목하게 됩니다. 빙하는 한 번도 멈춘 적이 없습니다. 항상 무장된 군사요 위대한 동사입니다. 아무도 그들을 막아설 대적은 없습니다. 빙하의 목구멍을 따라 더 깊이 내려갑니다. 누군가를 꼭 만나야 하니까요.

그 겨울궁전을 가로지르는 물길은 신비의 강입니다. 저와 함께 그곳에 가보시지 않겠습니까. 지금 빙하의 부드러운 손을 잡으세요.

33. 나는 아직도 모호의 마법에서 헤어나지 못하고 있다

가끔 모호가 던지는 마법에 어리둥절할 때가 있지.
녀석은 미리 기별해 주는 법도 없고
긴히 답을 알려주는 법도 없어 애매 속에 머문다.
세상을 그렇게 살 수 있는가 싶은데
그 뒤론 그것에 관심을 두지 않는 것이 묘하다.
그거야 읽다가 덮어놓은 책으로 알고 지내지 뭘.
언제 다시 꺼내 읽는다는 보장도 없는데.
그렇게 먼지 낀 세월을 보내는가 싶었지.
바람이 불어 가지가 휘는 어느 날
녀석은 갑자기 나의 팔을 잡으며 아는 체한다.
그의 정체를 읽어내지 못한 나는
무슨 말부터 꺼내야 할지 주춤대고 말았다.
녀석은 어깨를 툭 치며 소리를 높였다. "말 좀 해봐!"
나는 정신을 반쯤 내보낸 상태에서 물음표를 던진다.
"그래, 자네 어디 갔다 왔는데?"
그 말에 확 낚일 놈이 아니지.
순간 착각에 빠져 허우적거리는 나를 보았다.
나는 아직도 모호의 마법에서 헤어나지 못하고 있다.

34. 모든 것 내려놓고 가버린 너에게

그래 그곳은 어떠냐?
굶지 않고 잘 지내기는 하는 거냐.
너무 춥거나 덥거나 하는 것은 아니고?
말없이 가버린 너에게 별걸 다 묻는다.
다시 돌아올 수 없는 강 건너고
너와 우리의 경계가 확실한 땅
어쩌면 너무 황홀해 숨이 멈춰버렸을지도 모를,
그 나라로 기별 없이 가버린 너.
차디찬 인생 한 번 따뜻이 데워보려나
돌부리에 치이고 병마로 끝내 일어나지 못한 너.
산다는 것이 어찌 말처럼 쉽다더냐.
그래도 하고 싶은 말 왜 없을까.
가슴 펴고 숨 한번 제대로 쉬고 싶은 너인데
모든 것 내려놓고 가버렸다.
이제 무슨 말을 하랴.
자꾸 못해 준 것만 생각난다.

35. 달콤할수록 독성이 강하다는 것을

거짓은 탈을 쓰고 집요하게 달려든다.
입술은 감언이설로 무장하고
허위를 진실로 위장하며 속인다.
원래 그 방면에 명인이 되고 달인이 되었으니
속지 않는 사람이 없을 터.
가끔은 사탄이 따로 있나 생각도 들지만
그렇게 해서 먹고 사는 꼴을 보니
산다는 것이 무엇인지 회의가 들 때도 있다.
거짓에 넘어가 가산을 탕진하고
목숨을 잃은 자들의 시신이 곳곳에 널려있다.
어제도 몇 사람 죽어 나가고
상여 멘 사람들의 울음이 하늘을 찌른다.
세계 곳곳에 도사린 거짓은
오늘 밤도 침략계획을 세우며 칼을 간다.
조심해라. 그들은 희생자를 찾고 있다.
달콤할수록 독성이 강하다는 것을 잊지 마라.
그들이 내건 진실의 배너에는 음모가 숨어있다.
절대로, 절대로 덫에 걸리지 마라.
숨소리도 내지 말고 꼭꼭 숨어라.

36. 하루라도 빨리

구부러진 생각에 가시가 돋는다.
평시엔 그리 평화롭게 보이더니
전시가 되자 모습이 완전히 바뀌었다.
살고 싶은 본능이 작동한 것 아니겠나.
세상에 믿을 놈 없다더니 불쌍하다 못해 안 됐다.

더위 먹고 정신 차리지 못하던 것은
이제 의식을 잃기 직전이다.
지열이 덩달아 온도를 높이니
밖으로 나가는 것은 자살행위나 다름없다.
의식을 되찾으려는 기운조차 보이지 않는다.

생삭이 눈드러지면 희망이 보이지 않을 터.
모두 요 모양 요 꼴이니 내일이 있을까 싶은데
그래도 푸른 생각, 흰 생각이 높이 떠
하늘길 따라 이동하고 있다.
하루라도 빨리 활기차게 뛰는 모습 보고 싶다.

37. 그러니 두말 말고 짐 싸서 떠나라

이젠 저 폭군을 단단히 묶어 내쳐라.
한 달 넘게 우리 곁에 서서
잠 못 이루게 하는 패악을 더 이상 참을 수 없어
모두 빗자루, 삽 들고 나섰다.
아무렴 꿈쩍할 네가 아니지만
그래도 가슴 한쪽은 서늘할 것이다.
시상에 너 때문에 생명을 잃어야 한다면
이 땅에서 어떻게 살겠느냐.
화성도 아니고 금성도 아닌 이 푸른 지구가
날로 뜨거워 어쩔 줄 모른다면
우리가 딛고 서야 할 땅은 어디이겠느냐?
아무리 말해도 소용없으니 무슨 말을 하랴.
두말 말고, 어서 짐 싸서 떠나라.
그렇지 않으면 수갑 채우고
차꼬로 발을 묶어 널 꼼작 못하게 할 것이다.
제 발로 떠나지 않겠다면 할 수 없지.
단단히 묶어 내칠 수밖에.

38. 저도 어쩔 수 없었어요

그동안 너무 폐를 드려 죄송합니다.
이제야 기압골에 틈이 생겨 자리를 뜨고자 합니다.
혹시 꼬리가 좀 길더라도 양해해 주세요.
저도 어쩔 수 없었어요.
저기압, 고기압 할 것 없이 저를 구석에 몰아넣고
숨도 쉬지 못하게 했답니다.
너무 화가 나서 열을 뿜을 수밖에 없었어요.
어느 때는 터질 것 같아 저도 죽는 줄 알았습니다.
그동안 여러분도 얼마나 힘들었을까 싶습니다.
이제 모두 잊고 여러분 곁을 떠나고자 합니다.
더 이상 미워하지 않았으면 합니다.
내년에 다시 뵐 것입니다.
그땐 금 년 같은 일이 반복되지 않았으면 합니다.
저도 당하고 싶지 않거든요.
무엇보다 저로 인해 무척 힘들었던 분들에게
깊이 고개 숙여 사과의 말씀 올립니다.
너무너무 죄송합니다. 그리고 감사합니다.
부디 평안을 빕니다.
무더위 올림

39. 다들 정신 차려 정신

그런 마음이 왜 안 들겠어?
선이 무너지면 이마에 자꾸만 그림이 그어지는데.
물러터진 게 이유라면 이유랄까.
맘 좋다고 할 때 알아봤다.
그때 열 걸음 정도 물러서서 바라봐야 했는데
그럴 생각이 조금도 없었다.
다들 잘 나간다고 했지.
행복이란 단어도 모자란다고 했어.
금이 가기 시작한 건 태풍이 지나간 다음이었지.
상처가 극심한 거리에서 누가 소리를 치고 있었어.
"다들 정신 차려. 정신."
난 처음에 무슨 소린가 했어.
그런데 갑자기 우리를 향해 외치기 시작했어.
"앞을 똑바로 보세요. 지금요."
시선을 돌리자마자 뭔가가 도망하기 시작했어.
그 모습에 그만 눈을 감고 말았지.
그건 우리가 그동안 괜찮다 했던 것들이었어.
바보가 어디 따로 있나.
그런 마음이 왜 안 들겠어?

40. 세월이 가도 품어낼 수 있다면

넌 때로 너무 가까워 금방 손에 잡히는가 했다.
갑자기 어인 시샘인가 했겠지.
우리 사이에 무슨 밀고 당김이 있는 것도 아닌데
어쩌다 이 깊은 골짝까지 왔다.
세월이 가도 구겨진 삶까지 품어낼 수 있다면
그곳이 어디인들 무슨 상관일까.
자네의 등장을 늘 기뻐했기에
우리 얘기는 언제 끝날지 모를 영화가 되곤 했지.
무슨 말이 그 많나 하겠지만
대화는 밤도 모자랄 지경이었다.
그동안 친구랍시고 지켜주어 고맙고
말도 안 되는 건데도 받아주어 고맙고
고마운 것이 이찌 한둘일까.
이제 자네를 위해 한 상 펴니
부디 사양 말고 자리하게나.
풍진 세상 자네 있어 살맛 나고
누가 뭐래도 손잡고 한바탕 뛰놀았으니
너와 나 사이에 무엇이 부족할까.
저 강 건너서도 함께 하세나 그려.

41. 그것은 바람이었어

그것은 바람이었어.
가까이 왔다가 소리 없이 가버려.
자국을 남기면 상처가 될까 봐
숨죽이며 움직이지.
너무 조심스러운 것 아닌가 싶은데
그것이 배려임을 안 것은 훨씬 지난 다음이었지.
젊어서는 그러지 않았어.
호탕과는 좀 거리가 있지만
자주 찾아와 얘기도 하고
뭔가 더 담아주고 싶은 마음이 있었어.
그것이 종종 짙은 흔적으로 남아
다시 생각하게 하는 힘을 발휘하곤 했지.
그런데 그가 마지막 편지를 남기고 간 다음부터는
아예 깊은 단절로 들어가 숨어버렸어.
왜 그래야 했는지는 도무지 알 수 없었는데
그 이유도 나중에 알게 되었지.
이 나이에 들어서니 조금씩 깨닫게 되더라고.
이제 그는 빛바랜 추억이 되었지만
이따금 찾아와 우리 이름을 부른다. 지금도.

42. 마른나무엔 친구가 필요해

건물 한구석으로
사람들이 내다 버린 서러운 화분

버림받았을 땐 달랑 몇 줄기 뼈만 남았었지.
무슨 희망이 있었겠어.

하지만 너무 슬퍼하지 마.
세상은 생각보다 메마르지 않거든.

몇 달 동안 비와 바람들이 찾아왔어.
비는 물을 주고, 바람은 그를 달랬지.

결국 기적이 일어났지, 뭐야.
나무는 줄기 이곳저곳에 잎을 냈거든.

그래 마른나무엔 친구가 필요해.
사람도 마찬가지야

43. 하늘에서 키운 하얀 꽃들로

봄꽃이 땅에 떨어지면
향기는 마지막으로 짙은 호흡을 한다.
여름엔 비와 바람을 세차게 몰아
바닥을 걷어 올리며 힘 자랑한다.
모든 것이 흔들리고 뒤집히니
숨길 것이 아무것도 없다.
계절이 바뀌면 늘 이별을 준비한다.
이미 정한 일이라 아무도 막지 못한다.
상처는 아직도 아물지 않았는데
더 이상 무엇을 기대할 수 있을까.
가을도 마지막 잎을 마구 떨구며 눈물을 보인다.
산다는 것이 다 그런 것 아니겠는가.
겨울이 하늘을 열고 눈을 펑펑 쏟아붓는다.
저버린 봄꽃, 폭우에 부러진 다리,
그리고 외로운 가을 잎 사이로 눈이 쌓인다.
위로가 쌓인다.
하늘에서 키운 하얀 꽃들로

44. 모리셔스 해안가에서

누가 말해주었지.
모리셔스 해안가에는
바위와 파도가 사이좋게 지나고 있다고.
도저히 어울릴 수 없는 단단함과 부드러움이
서로를 안으며 사랑을 나누는데
사람들은 그 경이로움에 붙잡혀
차마 발길을 돌리지 못한다.
그렇게 살아갈 수 있음에도
우리는 왜 그리하지 못하는 것일까.
몇 번이나 질문을 던지는데도
그들은 아무 말 없이
열 손 잡으며 춤을 춘다.
때로는 멀리 갔다가 다시 돌아오는 파도를
기꺼이 맞으며 미소 짓는 너.
변함없이 자리를 지키며
너만을 바라보는 저 바위의 마음을 누가 알까.
내 언제 너를 보며 사랑법을 익힐 것이다.
모리셔스 해안가에서

45. 오늘 비를 맞습니다

오늘 비를 맞습니다.
그냥 맞습니다.
사랑으로 오는 당신을 맞습니다.
나의 두 뺨에, 흐르는 눈물로 오는 당신을.
더없이 아름다운 당신을.
우산을 쓰는 무례는 하지 않겠습니다.
온몸으로 당신을 맞으며
지금, 그 어느 것과 비교할 수 없는
당신의 노래에 젖습니다.
다시는 당신을 거부하는 짓은 하지 않겠습니다.
오히려 되돌릴 수 없는 사랑으로,
단 한 번의 부름일지라도 온 맘 다해
당신을 기어이 노래하겠습니다.
영원히

46. 너에게

마음이 무거우면 걸음도 무거워지지.
그러니 뒤처지게 하는 것에 관심 두지 말거라
네 어깨에 날개가 솟아날지 어찌 알겠니.
그때 날아도 늦지 않다.
손에 가진 것이 없다고 체념하지 마라.
보이는 것이 전부가 아니거든.
네 가슴에 피는 꽃만으로도 너는 이미 부자야.
아무도 오지 않는다고 불평하지 마라.
시간은 너를 만나기 위해 어제부터 줄 서고
천지가 너를 보며 명령을 기다리고 있다.
절대 놀라지 마라.
오늘도 세상은 너를 중심으로 돌아가고 있다.

47. 오늘은 그 기억과 함께 여행할 것이니

지금은 하나, 둘 셀 수 있지만
도무지 셈이 되지 않는 날이 올 것이다.
그땐 잊어버린 것에 대한 애착도 없고
늘 불렀던 이름까지도 가물가물하겠지.
그래도 너무 슬퍼하지 마라.
처음부터 기억을 가지고 태어난 것 아니니
기억을 지우며 가는 것 아니겠느냐.
그래도 지워지지 않는 것이 있고
그것이 나의 일부가 되었으니
어찌 귀하다 하지 않을까.
오늘은 그 기억과 함께 잠시 여행할 것이니
너무 나무라지 말게나.
아니 그런가.

48. 하늘이 생명처럼 준 것이니

사랑과 겸손이 하늘 곳간에서 나온 이유가 있지.
그것도 무제한 방출이라니.
평생 써도 닳지 않을 것이니
쓰고 또 쓰라는 것 아니겠나.
그럼에도 사람들은 의심하고 또 의심하다
때 놓치기 일쑤다.
쓸 때마다 신선하게 채워지니 걱정 말고 쓰게나
그래야 모든 이의 가슴을 부풀게 하지.
습관 되면 사랑하라, 겸손하라 하지 않아도
우리 속에서 자동 작동할 것이니 얼마나 좋은가.
하늘이 생명처럼 준 것이니
쓸 때마다 감사하고, 볼 때마다 감사하게.
하늘이 베푼 선물이 어디 그뿐일까.
더 찾고, 찾아보게.
보물처럼 우리 안에 숨겨두었으니
꺼내 쓰고, 또 써도 물리지 않을 것이네.
쓰지 않으면 절대 보물일 수 없으니
오늘도 쓰고 내일도 내어 쓰게.

49. 그냥 저 강에 흘려보내거라

내 안에 실 같이 흐르던 강은
이내 더 큰 강을 만나고
마침내 깊이를 알 수 없는 심연에 닿는다.
그 속에서 한속 어울리다 보면
저 땅에서 수없이 건져 올린 얕은 울림 같은 건
아예 보이지 않지.
그러니 과거의 셈법에 익숙한 짓일랑 그만하자.
강이라고 다 같은 강이 아니니라.
가려고 들썩이는 것일랑 애써 붙잡지 마라
이미 마음 떠난 지 오래되었으니
그냥 저 강에 흘려보내거라.
가다가 마주치면 그때 손짓해도 늦지 않고
고비 또 고비를 넘어 다시 보게 될 것이니
서운해할 일도 아니다.
강은 다 그렇게 역사를 쓰며 산다.
우리는 곁에 앉아 흐름을 읽고 있을 뿐.
세상은 한 길로 통한다 하지 않았느냐.
좁은 길이 더 너른 길로 이어지듯
강도 다른 강 만날 때 목메어 소리 지를 것이다.

50. 사하라엔 황금 모래만 산다네

때론 모래 폭풍이 심하게 일지.
그땐 눈도 뜰 수 없어.
어디 그뿐인가. 모래 파도도 일어.
너무 잔잔해서 그림이 되곤 하지.
바위가 부서져 돌이 되고
돌이 부서져 모래가 되던 날도 그랬다네.
세상에 영원한 것은 없더라고.
더 이상 나눌 몸이 없을 땐
우린 서로 기대어 산다.
길고 모진 역사를 짧게 말할 재간이 없으니
아예 입을 열지 않지.
그걸 묶어 내야 할 일도 없으니
욕심부릴 이유도 없는 거야.
무엇을 먹어야 하는 것도 아니니
싸울 일도 없어.
그런 거야 사람들이나 할 일이지.
우리에겐 죽음 자체도 없으니 걱정할 것도 없어.
사하라엔 황금 모래만 산다네.

51. 모두 이 길을 걸을 때마다

이 길을 가는 것은 쉬운 일이 아니지요.
때로 놀라기도 합니다.
당신의 사랑이 아니면 걷기 어려워
자꾸만 뒤돌아봅니다.
그래도 작은 가슴에 움이 트고
기쁨이 노래로, 빛으로 번지는 것은
은혜 아니면 맛볼 수 없기 때문입니다.
시간이 지날수록 믿음이 깊어지고,
감격과 감동이 이는 것은 당신 때문입니다.
우리 모두 이 길을 걸을 때마다
당신과 함께하고, 은총이 가득하기를
기도하고, 기도합니다.
미지의 문을 열 때마다 화평을 더하고,
기쁨이 샘 솟기를 기도합니다.
우리 모두 당신 앞에서 거룩하고,
참되게 하소서.
지금 당신 앞에 서 있습니다.

52. 마음 풀고 다음을 기대하시게

졌다고 슬퍼하지 마.
이기고 지는 것보다 어떻게 사느냐가 중요하지.
다들 승리를 바래지만 그건 신기루 같은 거야.
그 때문에 일희일비한다면
하루살이보다 못한 것 아니겠어.
더 긴 세월을 살아야 할 너라면
다음 기회는 언제든 있어.
기껏 제1막이 지났을 뿐이야.
요샌 9막도 가고, 10막도 가던데
기다릴 줄 모르면 허투루 사는 거지.
마음 풀고 다음을 기대하시게.
제2막의 커튼이 열리면 마음 편히 보시게.
삶은 언제나 그 문을 닫지 않으며
다음을 이야기하지.
이 연극이 끝난다 해도
다른 연극이 있으니 서운해하지 말게.
그럼, 다음에 보세나.

53. 그렇게 시간은 가고

하늘은 오늘도 상을 펴며 아침을 선사한다.
태양은 익은 과일이 되어 오르고
구름은 종일 그 빛을 가리느라 분주하다.
노을이 수줍은 여인의 붉은 옷자락처럼 흔들리면
해안 사람들은 그만 넋을 잃는다.
그렇게 시간은 빨리 가고 말았지.
이젠 하루가 막을 내려야 할 때.
밤은 주섬주섬 검은 옷을 입기 시작한다.
모두 마법에 홀린 듯 잠에 빠져들 무렵
서러운 것들이 뒤척이며 불평을 쏟아낸다.
밤도 속이 편치 않다.
하늘은 무슨 일인가 싶어 여기저기에 불을 켠다.
그럴 땐 아무도 모르게 숨어야 한다.
어디서나 규칙은 있는 법.
그래도 추적추적 눈물 흘리는 날엔
내 가슴 속에 검은 비가 내린다.

54. 그래서 미래가 필요한 겁니다

나사가 빠졌나.
모든 것이 흔들린다.
잔챙이가 큰소리치고
벌레 먹은 사과가 좌판을 점령했다.
상점은 거짓을 감추느라 바쁘고
골목은 선동꾼으로 몸살을 앓는다.
사람들은 아무 일 없다는 듯 태평하다.
나만 이상한 것 아닌가 싶은데
어디선가 찌르듯 소리가 들린다.
"그걸 이제야 아셨어요?
그러니 눈은 감으시고 입도 다무세요."
이젠 물어볼 데도 없다.
사제는 잠들고 도덕은 길을 잃었다.
할 말을 잊은 채 우두커니 서 있자
바람이 속삭이며 지나간다.
"가치를 저버린 거예요.
하지만 희망은 절망의 자리에서 피어나지요.
기다리세요.
그래서 미래가 필요한 겁니다."

55. 그래도 후회하지 않는 것은

내가 나에게 말을 건다.
놀랄법한데 당황하는 기색은 전혀 없다.
늘 들어왔던 터라 신경을 꺼둔 상태이니
작동할 리 없겠지.
그러다 생각나면 답을 주는 척 손을 내밀 것이다.
나야 그만으로도 성공한 셈이니
감사하다 할 것이다.
요즘 세상은 자문해 보지 않고 지르기 일쑤다.
조금만 자기를 향해 물어보았다면
이처럼 병들지 않았을 것이다.
양심에 물어 돌아갈 길을 찾으려 했을 것이고
경험에 물어 지도를 보자 했을 것이다.
소설을 써도 몇 편은 더 썼을 것이고
시를 써도 몇 줄은 빛났을 터.
이미 가슴 아픈 시간은 지나갔고
상처만 훈장처럼 남았다.
그래도 후회하지 않는 것은
나를 내 마음의 중심에 세워 물어본 것이다.
나는 잘 살아온 것인가.

56. 흰 치마 곱게 차려입은 친구를

눈이 흠뻑 내린 날,
즐거운 것은, 다 이유가 있지.
소식 없던 친구가 갑자기 찾아온 거야.
너의 방문에 내 눈이 찬란하게 부신데
한마디 하지 않을 수 없지.
"대군을 거닐고 올지 몰랐어. 너무 반갑다."
그리곤 우린 진하게 포옹했지.
그는 계속 춤을 추었어. 본시 춤꾼이거든.
점점 쌓인 무게에 나무는 그만 허리가 휘어졌지.
부러지면 어쩌나 싶은데 참고 또 참는다.
"나무야, 입은 두어 뭐 하니. 힘들면 말하렴."
그 순간 여기저기서 신호를 보낸다.
"조심하세요. 그 나이에 넘어지면 안 됩니다."
"그대로 얼면 걷기 힘들어요. 치워주세요."
아니 저 흰 치마 곱게 차려입은 친구를
어떻게 냉대할 수 있을까.
머뭇머뭇하는데
아저씨들이 성큼 빗자루 들고 나섰다.

57. 첫걸음에 환희를 매어드리며

두 사람이 하나 된다는 것은 서로 다른 길이 아니라 함께 정한 길을 가는 것입니다. 보조를 맞추고, 숨을 고르며 걸어갑니다. 그 길이 아무리 험해도 같이 있어 기쁘고, 천천히 가도 아무 상관 없습니다. 잡은 손이 행복합니다.
둘이 하나가 되는 것은 정직과 겸손을 나누는 것입니다. 자기를 내세우기보다 두 사람이 정한 가치를 깃발처럼 세우는 것입니다. 힘은 빼고 배려의 손을 내미십시오. 그러면 어느새 예술가가 됩니다. 예술가라니요. 놀랍지 않습니까.

가정은 함께 지어가는 작품입니다. 집 모양이 서로 다르듯 가정도 다릅니다. 그곳에 깃든 향기가 어떤지도 살펴보십시오. 겉뿐 아니라, 안도 아름답게 가꾸십시오. 포근함이 넘치면 해도 달도 쉬어가려 할 것입니다.

가정을 축제의 장으로 만드십시오. 아이는 뛰놀게 하고, 어른은 웃음 짓게 하십시오. 위로하고 격려할 때 꽃이 핍니다. 인생은 긴 경주입니다. 지친 영혼을 감싸고, 목도 추겨주십시오. 열심히 박수도 쳐주고요. 그러면 경주가 아름답게 마무리될 것입니다.
첫걸음에 환희를 매어드립니다. 이제 손을 잡으십시오.

호흡을 가다듬고 눈을 맞추십시오. 출발입니다. 아름다운 출발입니다. 축복이 가득한 출발입니다. 두 손 꼭 잡고 가십시오. 끝엔 숨죽이며 기다리는 순간이 있습니다. 가슴 뛰는 환희가 있습니다.

58. 지치지 않는 영을 주시고

주님, 벌써 한 해가 문을 닫으려 합니다. 겨울은 추위를 몰고 와 지울 수 없는 생채기를 남깁니다. 그것도 파도에 한 꺼풀 한 꺼풀 씻기겠지요. 하지만 주님이 우리 마음에 심은 나무들은 숲을 이루며 온 세계로 넓게, 그리고 아름답게 퍼지고 있습니다. 거룩한 확산입니다. 주님이 다듬고 키운 것이기에 아무도 빼앗을 수 없고, 그 값을 따질 수도 없습니다.

북산가를 떠난 후 우리는 그곳을 그리워하며 살았습니다. 지금은 남의 땅이 되어 쉽게 들어갈 수 없도록 담이 쳐졌지만 우리는 언젠가 주님이 그 문을 활짝 열고 우리를 오라 하실 날을 기다리고 있습니다. 그때 우리는 날개를 펴며 기쁨으로 날아갈 것입니다. 그날을 생각할 때마다 잠을 이룰 수 없습니다.

지금은 꿈같은 얘기이고, 모두 지난 얘기라고 말하겠지요. 하지만 이스라엘도 그발 강가에서 고향을 그리워하고, 보이지 않는 미래를 생각하며 울었습니다. 주님은 그들의 눈물을 보고, 그날을 여셨습니다. 그 기적이 우리에게도 일어날 것을 믿습니다. 내일이 아니어도 좋습니다. 모레가 아니어도 좋습니다. 주님의 날에 이뤄지기를 기도합니다.

올 한 해를 우리에게 허락하신 주님, 내년에도 더 아름답고 귀한 시간을 허락하실 줄 믿습니다. 함께 할 때마다 하늘의 기쁨과 소망 주시고, 주님과 동행하는 날들이 되게 하옵소서. 지치지 않는 영을 주시고, 주님이 맡겨주신 일들을 힘 있게 이뤄내게 하옵소서. 우리의 발걸음을 축복하옵소서. 지켜주옵소서. 주님의 이름으로 기도합니다.

59. 그땐 쓰디쓴 감정 따윈 버리고

사르트르가 말했다지.
"인생은 C,
B(Birth)와 D(Death) 사이에 서있는."
그러나 그 C는 의미가 아주 달라.
기회(Chances)도 되고 변화(Change)도 된다.
선택을 잘 하면 D도 꿈(Dream)으로 바뀔 수 있다.
C가 희망이 되는 순간
절망은 벼랑 끝에서 아파하겠지.
그땐 쓰디쓴 감정 따윈 버리고,
시원하게 과거를 용서할 것이다.
기회가 날개를 펼 때 가자.
천사들이 우릴 기다리고 있다.
그들의 눈이 빛나는 오늘은 우리 차례.
슬픔은 줄이고 기쁨은 배로 늘리자.
축제가 시작되었으니
뛰는 가슴 안고 오게나.
인생은 C,
아름다운 시다.

60. 일이 커진 뒤 후회하면 늦고

화를 거두시게.
그것은 결국 자네를 망가뜨리네.
그뿐인가 시퍼런 물구덩이,
이글거리는 불구덩이가 크게 입 벌리며
자네를 기다리고 있다네.
일이 커진 뒤 후회하면 늦고
수습하기 어려운 지경에 사과한들 먹히지 않으니
가슴만 답답할 뿐이지.
분노 없이 태어났다면 얼마나 좋았겠나.
그런데 참을 길 없어 폭발하니
그 화산을 어찌 막을까.
주변은 파편으로 상처를 입고
이미 불길에 데었으니
아픈 세월 싸매고 밤샘을 설칠 수밖에.
시간이 가면 봄이 오고
분노의 포도도 익어가겠지.
더 이상 노염에 매이지 말고 내다 팔게나.
아니 땅속에 깊이 묻고 거름으로 바꾸게나.

61. 하루를 닫기 전 무엇을 해야 할까

여보게, 날이 저물고 있군 그래.
하루를 닫기 전 무엇을 해야 할까?
우선 허가 없이 자리 잡은 거짓은 털어내고
때 낀 욕심은 무조건 닦아야지.
내가 해야 할 일엔 팔을 걷어붙여야 해.
시샘이 뱉은 가시 돋친 말일랑 괘념치 말게.
그것은 하늘이 담당한 일이니
바람과 비가 찾아와 깨끗이 정리할 것이네.
그것까지 끌어안고 잠 못 이룰 필요는 없네.
고민을 들이지도 말고 화도 내지 말게.
머리를 비우고 고요 속으로 들어가게.
마감 기도는 잊지 말고
일기에 남길 말을 다시 생각하며
하루를 정리하시게.
하늘에 올리는 주문서엔
사랑과 정직을 빠뜨리지 말게.
그래야 아침을 기쁨으로 맞을 것이니.

62. 입 다물고 결기 있게

숲이 깊은 슬픔에 잠겨있다.
새도 노래를 그친 지 오래다.
정적이 온통 숲을 포위하고 있다.
한 줄의 위로조차 없어 가슴 아프다.
무슨 일이기에 침묵이 이토록 지배하는가.
이것은 아니라는데 출구가 보이지 않는다.
저마다 아픔을 참느라 정신이 없다.
살아있다지만 결코 산 것이 아니다.
잘못되면 도미노처럼 쓰러질 운명이다.
하지만 처음부터 너희들의 잘못이 아니었어.
그래서 더 가슴이 아픈 거야.
그저 쉽게 비운이라 하겠지.
하지만 넘이지는 널 넘어신다 해도
품위는 절대 잃지 말거라.
입은 꼭 다물고, 결기 있게
네 진심을 바람 등에 실어 보내라.
그것은 아무에게서 살 수 없는 것이니
결코 너를 악에 넘겨주지 말거라.

63. 언어를 먹었으니 어딜 가겠나

이따금 어릴 적 말씨가 삐져나올 땐
아이고나 어디 숨었다 이제 오나 묻고
반가워 붕어빵 하나 건넨다.
시상에 이런 구석도 있나 싶은데
놀라는 나를 보며 다들 웃는다.
그래, 된장 발린 언어를 먹었으니 어쩌겠나.
속에서 자라고, 익어 나온 거지.
한 곳에 정붙이기 어려워
이 동네, 저 동네 거친 이력에도
나를 숙주 삼아 살았으니 터주는 되었겠다.
내사 숙박료는 물리지 않을 터이니 마음 놓게나.
오늘은 남도, 북도, 간도 다 불러 잔치하자고.
서로들 역사 네댓 개 풀어놓으면
각종 언어가 어깨동무하며
이리저리 엉클어지지 않겠느냐.
근심 따위야 달이나 담에 걸든지 하고
너와 실컷 놀아보리라.
얘야, 모두 다 불러 춤추게 하라.

64. 거짓에 무엇을 덧칠한다 해도

다 아는 사실을 숨기려 들면
숲에 사는 것들도 웃는다.
세상은 그리 호락호락하지 않지.
거짓에 무엇을 덧칠한다 해도
본체는 언젠가 드러나는 법.
그 이빨에 상처 난 자국이 한둘이 아닌데
그걸 어찌 아니라 할 수 있겠나.
아픈 가슴은 더 깊게 파이니
한 줌의 위로로는 치료가 되지 않을걸세.
빛은 눈으로 읽고
바람은 귀로 읽지 않는가.
진실을 만나 형편을 물을 것이니
그때 숨김없이 말해주게나.
그것은 사실이 아니었다고.
오늘따라 별 하나 높이 떠
우릴 지켜보고 있다.

65. 지금 네 이름을 묻는다

그림자는 무엇을 먹어 늘 검을까?
빛을 피하는 것 보면 이만저만 빠른 것 아닌데
숨길 것이 많던가, 수줍음이 많던가,
뭐 그런 것쯤 아니겠나 싶은데
오늘도 탐정처럼 숨어있다.
그래도 넌 내 눈 가까이 있어
도망하기는 아예 글렀다.
목을 길게 뽑아 자랑하는가 싶더니
금방 몸을 최대한 움츠리고 있으니
네 수축과 확대가 기묘하다.
나 또한 널 잡을 수 없으니
더 이상 신경 쓰지 않기로 한 약조를 지킬 것이다.
내 가는 곳까지 가고
나 없는 곳엔 미련도 두지 않으니
너의 충성심도 대단하다.
너를 친구라 부를까,
아니면 비존재의 존재라 할까.
지금 네 이름을 묻는다.

66. 우리는 그만 두 손 맞잡고

팔당호를 가면
그의 너른 가슴이 좋다.
지난번엔 맑은 거울로 나를 유혹하더니
오늘은 아예 문을 굳게 잠그고 깊은 잠에 빠졌다.
굴곡진 산과 얼어버린 호수,
찬 바람이 겨울을 쓸고 있다.
이번엔 대화하긴 영 글렀나보다 생각했는데
눈으로 덮인 사이, 사이로
날 부르는 소리가 들린다.
혹시 잠꼬대 같은 것 아닐까 싶었는데
그것은 내 마음속 깊은 데서 나는 산울림이었지.
그것이 이 산 저 산을 돌아
이제야 나를 치고 나는 소리였어.
나는 그만 깜짝 놀라 기겁할뻔했지.
그는 하얀 옷을 입고 하늘을 오르내리는
천사가 되었더라고.
그는 벌써 내가 올 줄 알고
밤새껏 기다렸다고 하더군.
우리는 그만 두 손 맞잡고 춤을 추고 말았지.

67. 그 목소리에 취해 얼른 문을 열었다

늘 약속한 것처럼 찾아오던 네가
발길을 끊은 것은 무슨 일일까
기억이 상한 것은 아니고
그리 마음 구겨진 것도 없으니
오다가 누구에게 붙잡힌 것 아닌가 싶은데
혹시 대화가 길어지면 그럴 수도 있지.
하지만 소식이 뚝 끊어지면 별별 생각이 돋아나
나를 괴롭히기 시작한다.
노자가 떨어져 어디서 굶는 것은 아니겠지.
갑자기 병이 나 입원했다면 어떡하지.
생각은 꼬리를 물고 나락으로 떨어진다.
그러다 바람 타고 높은 산에 오르기도 하고
하늘을 날다 구름을 잡아보기도 한다.
이렇게 출렁이다가는 어찌 되는 것 아닌가 싶어
마음 조아리는데
어디선가 익숙한 소리가 들린다.
그것은 분명 우리를 찾는 소리였어.
그 목소리에 취해 나는 얼른 문을 열었다.

68. 누가 그를 달랠 수 없을까

그가 문을 박차고 자리를 떴다.
사람들의 눈이 갑자기 휘둥그레진다.
화가 난 것이 틀림없다.
하지만 어쩌겠어? 뭐래도 같이 가야지.
모두 머리를 맞대기 시작한다.
이 생각 저 생각 담아본다.
하지만 늙고 지친 소리만 가득하다.
시큰둥한 그가 큰소리친다.
불호령이다. 짝수는 아예 없다.
이쪽 속도 말이 아니다.
하지만 성질이 애단 솥단지 같아
함부로 건드릴 수 없다.
그는 대놓고 성질부리기 시작했다.
그 바람에 모두 정신이 없다.
이젠 혼마저 짐을 싸려 든다.
이러다 죽는가 싶어 입도 뻥끗 못 한다.
미친 분노가 세상을 뒤집고 있다.
누가 그를 달랠 수 없을까?

69. 그래, 얘기는 하고팠던 게야

'그러게' 가 한술 떠 상에 올려놓았다.
'마냥' 의 눈꼬리가 살짝 올라간다.
이제 대화가 좀 되려나 싶은데
'그러나' 가 손을 저으며 더 없냐 묻는다.
양보를 더 해야 문제가 풀린다는 얘긴데
어디 가나 욕심은 한없다.
세상에 공짜는 없다.
관용의 훈훈함도 오래 가지 못한다.
그것은 그때 일이지 지금은 아니란 말이다.
'그리고' 가 나서서 얘기를 꺼내려 한다.
'그러게' 도 같은 마음인지 눈치를 본다.
그런데 '그래도' 가 손을 번쩍 든다.
아직은 아니란 말이다.
대화는 더 나가지 못하고 섰다.
말없이 돌아서자 서운한 눈치다.
그 순간 '그러나' 와 '그래도' 가 내 손을 꽉 잡는다.
그래, 얘기는 하고팠던 게야.

70. 바다는 절대 조용하지 않다

파도는 항상 다음 공격을 준비하지.
이쪽에서 때리고, 저쪽에선 밀고
쉬는 법은 절대 없다.
육지는 너무 단단해서 단번에 부술 순 없어.
모래알이 일선 병정이 되어 막아보지만
그것도 이미 깨어진 조각일 뿐이야.
파도는 언젠가 저 둑을 무너뜨리고
우리 곁을 야금야금 점령할 것이다.
나무들이 그것을 지켜보며 소리를 높인다.
안타까운 게지. 나무도 미래를 읽는다.
파도도 힘들면 작전상 잠시 물러난다.
사람들은 그것을 썰물이라 하지만
그것이 밀물이 되는 것은 순간이다.
장수에게 후퇴란 없다.
오늘도 아침 공격은 시작되었다.
갈매기들이 이리저리 돌아다니며
혼절한 먹이를 낚아챈다.
바다는 절대 조용하지 않다.
그것이 어디 바다뿐이겠나.

71. 고향찾기

사람들은 돌아가고 싶어 하지요.
고향을 먼저 꼽습니다.
그런데 그 실체가 무엇인지 모호합니다.
혹시 태어난 곳일까요?
연어는 태어난 곳을 찾아간다는 데
연어를 닮으려는 것은 아니겠지요.
그곳은 정든 곳이라 하기도 합니다.
미안하지만 정은 잘 토라집니다.
그리곤 새로운 곳을 찾지요.
그러다 떠돌이가 됩니다.
차라리 고향을 만드는 것은 어떻습니까?
누구나 쉽게 접할 수 있는 곳
언제든 언어의 곳간을 열 수 있는 곳
염려 같은 건 문밖에 걸어둔 뒤
두 다리 뻗고 누워
"참 고향 같네" 뇌일 수 있는 곳
세상에 그런 곳이 어디에 있느냐고요?
네, 우리 마음에 있습니다.

72. 생명이라고 다 생명이겠습니까

우리는 생명이란 단어를 사랑합니다.
삶 자체일 수 있으니까요.
부모로부터 받은 피 묻은 생명을 만나
지금까지 숨 쉬며 살아왔습니다.
그 '숨'을 그리스인들은 푸시케(Psyche)라 했는데
호흡이 생명과 직결되기 때문이지요.
푸시케는 오늘도 우리 몸을 돌며 확인합니다.
"건강하게 살아야 해."
프시케는 생명으로 끝나지 않았습니다.
마음, 그리고 영혼의 동네로 건너갔지요.
학자들은 그의 이름을 심리학에 담았습니다.
사이콜로지(psychology), 그 첫 자가 푸시케입니다.
하지만 그것은 오래 가지 못합니다.
육체(Soma)가 지면 함께 사라지기 때문입니다.
푸시케가 부지깽이가 되면 서럽습니다.
그런데 우리에겐 또 다른 생명이 있답니다.
그 이름이 뭐냐고요? 조에(Zoe)입니다.
영원한 생명입니다. 생명이라고 다 생명이겠습니까?

73. 멀리서 손짓하는 소리도 있네요

소리를 사랑하세요.
들릴락 말락 한 소리는 부끄러움이
약간 배어있지만 속은 부드럽습니다.
숨소리가 너무 거친 것은 시간을 두고 들으세요.
뛰어오느라 심장이 터질지 모르니까요.
멀리서 손짓하는 소리도 있네요.
뭔가 도움이 필요한 것 아니겠습니까.
그런 땐 주목해 보시고 행동하세요.
세상엔 이런저런 소리로 가득합니다.
물론 들을 만한 가치가 있는 것도 있지만
상당수는 이미 폐기 수준이라
시간만 낭비할 가능성이 있습니다.
그때 필요한 것이 지혜와 순발력입니다.
세월이 지나면서 녹 쓸지 모르니
늘 갈고 다듬어야 합니다.
도움이 필요하시면 전화 주세요.
늦게 받더라도 참으시고요.

74. 몇 줄의 시가 태어나던 그 밤에

시인의 방에 불이 꺼졌다고 서운해 하지 말게.
우리 몰래 그만의 공간에
작은 등불 하나 켜둘지 어찌 아는가.
그 빛이 점점 커지면
어둠이 숨을 곳을 찾겠지.
종이엔 시로 채워지기 마련인데
글은 생각보다 무겁다.
때론 역사도 그 앞에서 몸을 사리니까.
세상도 그를 무시할 수 없어.
모든 것이 고요로 잠수한 틈을 타
시인은 시를 캐겠지.
시로 부자 되었다는 소릴 들어본 적 없지만
오늘만큼은 금매이 보인다.
시인의 얼굴이 밝아진다.
누가 뭐래도 지금은 그만의 시간.
우리는 그의 미소를 보았다.
몇 줄의 시가 태어나던 그 밤에

75. 별들도 무슨 일이냐 싶어

요즘 세상 돌아가는 쇳소리가 너무 거칠어
걱정이 많습니다.
기대가 심하게 무너졌기 때문이지요.
우리 동네만 그런 줄 알았는데
긁힌 곳이 하도 많아 곡소리가 높습니다.
존중은 사라지고 파괴가 득세하니
전쟁터가 따로 없습니다.
살려면 모두 욕심부터 버리라 했는데
버린 사람이 하나도 없습니다.
서로 찌르고 공격하느라 정신이 없습니다.
듣기도 민망해서 귀를 닫습니다.
별들도 무슨 일이냐 싶어 눈을 크게 뜹니다.
요샌 낮에 뜬 별도 있어요.
그때마다 숨고 싶습니다.
우리를 실망케 하는 저 소리
몽땅 싸 귀양 보낼 방법은 없나요?
달나라는 너무 가까우니 화성이나 금성은 어떨까요.
아니, 그것도 안 된다고요?

76. 미래는 함부로 사고팔 수 없는 것

요즘 미래에 부쩍 눈이 간다.
현재를 키워 주인을 삼는 구상이
기특하기도 하고, 바보 같기도 하다.
누가 시킨 일인지 알 수 없지만
질서 있게 움직이는 모습이 과학이다.
한치 불평 없이, 너무나 당연하다는 듯
하도 빈틈없어 때론 의아할 정도다.
하지만 그는 아무 말도 하지 않는다.
걱정도 하지 않는다.
시간이 그의 차지임을 의심하지 않으니
의문을 달 필요도 없다.
사람은 그에 대한 꿈을 꾸며 과거를 재우고
현재를 팔아 미래를 살 궁리도 한다.
너도나도 그리할지면 그 값이 너무 화려하겠지.
하지만 그 값어치를 알지 못하니
오직 깨닫는 자만이 그 값을 셈한다.
하지만 미래는 함부로 사고팔 수 없는 것.
장사꾼이 매긴 것은 모두 허상이다.

77. 바람이 불면 한 가닥 치마끈 길게 풀어

단단한 대에 천 칭칭 감은 채
살아온 지 오래다.
바람이 불면 한 가닥 치마끈 길게 풀어
이리저리 흔들며 돌발상황을 전한다.
애써 주목할 리 없지만
흔들림 하나로 나의 존재를 알린다.
오늘도 그 끈을 낚시처럼 내리며
공간에서 시간을 낚는다.
그러다 뭔가 손에 느낌이 오는 순간
온몸을 떨며 그것을 감싼다.
내사 숨길 것 없는 몸
바람이 세차게 불면
온몸 부서질세라 마구 흔들어댈 것이다.
아무도 찾아오지 않는 날이면
긴 끈 늘어뜨리고 잠을 잘 것이다.
그래도 나는 곡예사다.
끈 달린 곡예사

78. 삶은 그렇게 균형을 잡아간다

동에서도 살고 서에서도 산다.
남에서도, 북에서도 산다.
한쪽으로 몰리면 지구가 힘들지 않겠느냐.
아이도 있고 노인도 있다.
남자도 있고, 여자도 있다.
세상은 그렇게 균형을 잡아간다.
나무도 많고 풀도 많다.
모습은 제각각이다.
세상에 같은 사람은 하나도 없다.
격도, 말도 다르니 어찌 같을 손가.
하지만 다름을 읽으며 경이에 빠진다.
부엉이에게 밤은 낮이고
지렁이에겐 땅속이 집이다
왜 그러냐고 묻지 마라. 따지지도 마라.
다 이유가 있는 법.
삶은 그렇게 균형을 잡아간다.

79. 떠날 땐 편지 한 장 남겨야겠지

빈자리에 앉으니 바람도 곁에 앉는다.
서먹함이 풀어지고 가슴이 따뜻해진다.
길이 가리키는 손 따라 정처 없이 걷는다.
이따금 새와 나비가 찾아와 말을 건다.
혼자가 아님을 그제야 알았다.
가다가 문득 얼굴 알아보고 손 내미는 친구,
반가움이 밀어닥친다.
이 환한 지구에서 고지서 한 장 받지 않고
이처럼 살았다. 행복이 따로 없다.
이방인처럼 대하지 않고 받아준 것만도 어디냐.
떠날 땐 편지 한 장 남겨야겠지.
암, 꼭 그래야지.

80. 저녁 자리 하나는 꼭 남겨 놓게

눈을 뜬다는 것은
오늘 하루를 선물로 받았다는 것이지.
그냥 살지 말고 잘 살아야 할 이유가 충분하다.
먼 산이 우릴 바라보고
가까이에는 착한 마음들이 줄 서 있다.
바람이 슬쩍슬쩍 행복을 놓고 갈 때마다
우리는 미소로 응답한다.
세상사 풀어주는 친구에게 귀 기울이고
가슴 아픈 이들을 외면하지 않을 때
살 가치가 높아지는 것 아니겠나.
기쁨은 마음먹기에 달린 줄 알지만
가끔 잊어먹는 통에 헤매기도 하지.
그러면서 익히는 것이니
죽는 날까지 배우는 것 아니겠나.
내 잠시 건너 마을 마실 다녀올 참이니
구시렁거리지 말고 기다리게.
저녁 자리 하나는 꼭 남겨 놓게.
내사 자네에게 꼭 할 말 있을 것이니.

81. 저도 지금 하늘을 바라보고 있습니다

혹시 관을 높게 쓴 사람 보셨나요?
무거운 생각을 덜어내야
겨우 쓸 수 있다는데
이 세상에 근심을 내려놓은 사람 찾기 어렵지요.
잠시 보이지 않는 지갑에 넣어둔 뒤
깜빡 잊어버릴 수는 있어도
자기도 몰래 다시 꺼내
세상이 무너질세라 한숨 쉬며
걱정 위에, 걱정을 쌓습니다.
하늘에 구름이 많은 것은
걱정을 비어내려는 배려 때문이지요.
지금도 쉴 새 없이 움직이는 것은
돌아볼 곳이 많기 때문입니다.
눈물을 닦아주려고
솜보다 더 부드럽게 만들고 있습니다.
사람들이 하늘을 쳐다보는 것은
도움이 필요하기 때문이지요.
저도 지금 하늘을 바라보고 있습니다.

82. 어디 그런 사랑 하나 찾을 수 없나

거친 사랑
구겨진 사랑이 가득한 거리
어디 반듯한 사랑 하나 찾을 수 없나.

빛을 만나면 반짝이는 사랑
어두울수록 더 밝아지는 사랑
말 한마디 하지 않아도
늘 곁에 서서 다독이는 사랑
자리를 뜨면
금방 그리움으로 변하는 사랑
돈으로 살 수 없는 사랑
어디서 그런 사랑 찾을 수 없나.

헤진 옷을 입어도 아름답고
신발 없어도 꿈결처럼 밀려드는 사랑
애써 사랑을 말하지 않아도
살며시 익은 사랑
어디 그런 사랑 하나 찾을 수 없나.

83. 그래 모두 봄옷을 입었으니

봄은 이 땅에 강물처럼 흘러 들어와
언덕 곳곳에 보초 세우고
이름 모를 풀까지 깨운다.
바람마저 그편에 서서
얼어붙은 마음을 녹인다.
언제 봄이 필지 아무도 모르는데
개나리가 노란 신호를 보내자
금낭화가 등을 들고 나섰다.
진달래도 왔고, 영산홍도 따라왔다.
꽃은 향기를 쏟아내고, 풀은 내음을 뿌린다.
긴 겨울을 뚫고 온 너희에게
봄은 화려한 색으로 상을 베풀고
온 산은 신선함에 놀라 어쩔 줄 모른다.
새들은 이리저리 날고
오늘따라 하늘은 더 높아 보인다.
그래 모두 봄옷을 입었으니
한바탕 잔치해야 하지 않겠느냐.
애야, 봄 등은 절대로, 절대로 끄지 말거라.

84. 세상에 꽃 아닌 게 없다

사람은 꽃을 먹고 산다.
쌀 꽃, 보리꽃, 메밀꽃, 살구꽃

하늘은 오늘도 하루라는 꽃을 주어
활짝 피게 한다.
태양은 우리 위에서 빛나고
꽃은 우리 곁에서 유혹한다.

급기야 달도 꽃이 되고,
해도 꽃이 되고, 별도 꽃이 된다.

너도 꽃, 나도 꽃.
세상에 꽃 아닌 게 없다.
천지 꽃이다.

85. 잠이 오지 않는 날엔 차라리

말하려면 먼저 가슴을 뛰게 하라.
안을 설득하지 못하면 밖엔 길이 없다.
한 줌의 금을 얻으려면 느낌이 와야 한다.
몇 초 안에 관심을 끌지 못하면 이미 끝난 것.
뒤돌아서 후회할 일은 하지 말자.

색 바랜 것일랑 자랑할 생각 말고
식어버린 죽에 투자할 꿈도 꾸지 마라.
마른 땅에 비가 내리면 작은 씨앗이 깰 것이니
그 땅에도 새날이 올 것이다.
길 잃었던 것도 집 찾아올 것이니
그땐 서로 부둥켜안고 실컷 울어도 좋다.

잠이 오지 않는 날엔 차라리 밖을 보거라.
하늘은 너를 보며 기뻐할 것이다.
바람결에 머리 흩날리며
미소 짓는 그날이 꼭 올 것이니
마음 단단히 묶고 기다리거라.

86. 넉넉한 마음으로 바라볼 수 있다면

공원에 들어서면 숨 깊게 들이쉰다.
내 안으로 우주가 들어온다.
가끔 큼직한 달도 들어오지만
별들이 쏟아져 들어오기도 한다.
그 모습에 숲의 나무들이 눈을 크게 뜨고
궁금한 듯 나를 쫓아다닌다.
짐짓 아무렇지 않은 듯 행동하지만
무슨 일이 생긴다 해도 놀라지는 않을 것이다.
공원은 늘 그렇듯 누구든 받아들이고
이별할 준비가 되어 있다.
사슴들이 한가로이 풀을 뜯고
새들이 그 위로 날며 소리치는 것을 보면
예사로운 곳이 아님은 일 터.
혹시 날카로운 공격으로 물 생각이라면
출입할 자격은 없다.
사랑으로 눈뜨고 겸손으로 손잡으며
넉넉한 마음으로 바라볼 수 있다면
넌 오늘 아름답게 사는 것이다.

87. 미래 역에서

가보지 않은 시간에 대한 호기심에
웃돈을 얹어 기대를 두 배로 키웠다.
애정을 쏟으면 무슨 일이 일어날지 궁금했지.
아무 반응도 하지 않던 그가
조금씩 움직이기 시작했다.
그도 내 마음을 읽었던 게야.
우리는 서로 아무 말도 하지 않았다.
느리게 가던 그도 구비에선 빠르게 돌더라고.
나는 그 모습을 똑똑히 지켜봤어.
그는 아무 말도 하지 않았어.
그런데 분초가 서로 다투더니
내 앞에서 딱 서는 것 아니겠나.
그 순간 난 숨이 멈추는 줄 알았지.
걷든 뛰든 시간은 가야 하지 않겠나.
그런데 그가 외치기 시작했어.
"손님, 방금 미래 역에 도착했습니다."
그때 알았지.
내가 선 자리가 미래 역이라는 사실을.

88. 그의 손이 점점 따뜻해진다

손을 잡으며 한마디 했다.
"얘야, 수고했다."
핏줄이 마를 정도로 일하고
물기 마를 새 없이 또 닦고
그래도 고맙다 소리 한번 못 들은 넌데
오늘은 주인께서 너를 부르신다.
칭찬에 익숙지 못한 탓에
그저 고개 숙이고 뒷손 감추며
무슨 말씀하시려나 하다가
이내 일자리로 총총걸음이다.
그 뒷모습이 순전한 얘 같은데
오늘따라 곱게 앉아 훌쩍인다.
"얘야, 무슨 마음이 들어 울음보가 터진 거냐?"
묻고 싶은데 전혀 그럴 형편이 아니다.
손등을 가만히 잡아본다.
그의 손이 점점 따뜻해진다.

89. 그것이 비록 거짓말이라 할지라도

이번에 보면 언제 볼지 모르고
이번에 가면 언제 올지 모른다.
그래도 다시 보자 하고, 다시 오겠다 한다.
번지도 없는 미래를 찾아 가면서도
확실한 듯 말하며 산다.
그것이 비록 거짓말이라 할지라도.
우리는 늘 만나고 헤어진다.
매일 보는 사람이야 그런 말까지 하지 않지만
어쩌다 보는 사람에게야 셈이 다르다.
퇴근하며 내일 보자 하듯
오늘도 아낌없이 약속을 날린다.
그것이 공수표가 될지 어찌 알까?
하지만 그런 걱정을 하며 말하진 않는다.
지금 그가 옆에 있다는 것 하나만으로도
기뻐할 수 있다면
내일도 그리할 것이다.
그것이 비록 거짓말이라 할지라도.

90. 그러다 보면 살 오르고 피가 통하겠지

베인 곳은 이내 아픔으로 물든다.
의도한 것도 아닌데
자리를 지키지 못한 순간
그만 실수를 저지르고 말았다.
슬픔을 짜고 있는데 짜지 말고 누르라 한다.
경륜이 쌓인 말이니 따르는 것이 좋다.
내사 의사가 아니니 남의 말도 약이 되겠지.
누르고 있으니 슬픔이 슬금슬금 달아난다.
기적이 따로 없다.
그렇다고 모든 것이 끝난 것은 아니다.
약을 바르며 놀란 가슴 다독인다.
아픈 자는 가만있어야 한다.
그래, 오늘 하루는 베인 자로 살지.
그러다 보면 살 오르고 피가 통하겠지.
그 신통방통한 일을 보면서
아, 살아있는 것이 기적이야 하겠지.

91. 산 오르듯 하늘을 오를 것이니

넌지시 물어본다.
무슨 생각 하느냐고.
다시 물어본다.
하고 싶은 것 무엇이냐고.
그래도 답 없으면
줄과 추를 엮고 먹이를 꿰어
잠자는 호수에 던져넣을 것이다.
무엇을 얻으려는 것은 아니니
걱정은 하지 마라.
그저 네 곁의 그림자 되어
한나절 보낼 수 있다면
무엇도 마다하지 않을 것이다.
질문은 삭히기 위한 것이니
그 때문에 끙끙대지 말거라.
시간이 나면 산 오르듯 하늘을 오를 것이니
잡은 손 절대 놓지 말거라.

92. 이 옷 더 입고 싶거들랑

하나둘 온유의 옷을 입었다.
맵시가 나는 것은 아니지만
포근함이 밴 탓인지 그저 평안하다.
양보할 줄 모르던 녀석도
조금은 여유가 있는 걸음걸이로 다가와 말을 건다.
이것저것 섞어 나물처럼 무치기도 하고
관심을 얹어 때깔 나게 만들기도 하고
그렇게 말이 무르익으면
너나없이 먹어보라 한다.
그래 이것이 살맛 아니겠나 싶은데
요즘은 무조건 많이 먹기보다
제철 것에 눈이 가듯
꼭 먹어야 할 것부터 챙긴다.
이 고개를 넘으면 또 한 고개 만날 터
그때 버겁다 말고 지금 더 만나자.
얘야, 이 옷 더 입고 싶거들랑
연장부터 하거라.

93. 함께 그 길을 가세

지킬수록 가치가 커진다면 그 길을 가자.
비울수록 마음이 겸허해진다면 그 길을 가자.
바라보는 이 없어도 길이 바르다면 그 길을 가자.
세상이 아무리 험준해도 정직이 보이면 그 길을 가자.
매섭게 추운 날이면 어떤가.
아무도 기억해 주지 않으면 어떤가.
길이 좁으면 어떤가.
함께 그 길을 가세.

94. 넘칠 듯 넘치지 않는 이 넉넉함은

눈을 감지 마세요,
아직 눈여겨 보아야 할 것이 많습니다.
모두 제 자리에 있는 것 보이시나요.
모습은 달라도 정지된 것은 없습니다.
빛은 바람을 설득하고, 바람은 그늘을 다독이지요.
색깔이 달라도 존중을 받습니다.
다 특별하니까요.
때론 같아 보일 때도 있어요. 합창처럼.
하지만 자세히 보면 다릅니다.
놀랄 정도로요.
여기선 왜 그러냐고 묻지 않습니다.
그 자체로 너무 아름다우니까요.
하늘을 보세요.
별들도 눈을 반짝이며 우릴 보고 있어요.
놀라운 일 아닌가요.
그곳에서도 말하겠지요.
왜 그런 걸까.
넘칠 듯 넘치지 않는 이 넉넉함은.

95. 이 모습을 그릴 수 있다면

고요가 외출합니다.
기다란 옷을 걸치고 자락길을 걷습니다.
아무 말 하지 않고 묵직한 걸음으로.
사실은 잠든 세상, 깨울 때를 기다립니다.
그 큰일엔 많은 생각이 필요합니다.
그래서 기도하는 마음으로 임합니다.
토라지지 않도록 배려할 필요도 있고
걱정에 근심이 배인 것일랑 멀리 떼어내며
새날을 기쁨으로 맞게 합니다.
사람들은 모릅니다.
무거운 태양, 가볍게 들어 올리는 비법을.
떼어지어 다니며 감시하는 구름, 설득하는 방법을.
그래서 늘 경건과 함께 걷습니다.
이 모습을 그릴 수 있다면 아름답게 피어오르는
저 햇살을 잊지 말아주세요.
이 아침에

96. 연어에 대한 궁금증

왕눈이 연어는 천하무적이었지요.
배차기, 지느러미 후려차기는 압권이었습니다.
그런데 요즘 문제가 생겼습니다.
몸이 퉁퉁 부어올라 걱정 지수가 자꾸 올라갑니다.
병원에 가보라지만 영 마음이 내키지 않습니다.
왜 그럴까? 종잡을 수 없습니다.
날렵한 두뇌를 자랑했는데 명성이 구겨집니다.
결국 합리화 작전에 돌입했지요.
살이 찐 게야. 사실인정입니다.
그래도 위안이 되지 않습니다.
궁리 끝에 최종 제안서를 냅니다.
태어난 곳에 가면 혹시 답이 나오지 않을까요?
그래서 고향을 찾기로 했습니다.
요즘 국경선에서는 조사가 심합니다.
조사관이 그를 힐끗 보더니 미소를 짓습니다.
통통해졌네. 통과! 통과입니다. 기뻐해 주세요.
이것이 그의 마지막 모습입니다.
전 자꾸만 그 후가 궁금합니다.

97. 감당할 수 없을 만큼 화려하게

내일이 없어 보여도 태양은 다시 뜨고
지친 몸을 깨운다.
슬픔을 접고 또 접으며 뚜벅뚜벅 걸어가면
하늘도 감격할 날 오겠지.
저리고 저린 기도가 하늘에 닿으면
언젠가는 답이 오지 않겠느냐.
고요한 것 같아도 전혀 고요하지 않고
때론 세찬 바람에 내몰려도
힘을 다해 서 있으면 내일을 볼 것이다.
가난한 영혼에 볕이 드는 날
정직과 공평이 날개 치며 오를 것이다.
기다림 끝에 오는 그 뭉클함이
코끝을 자극하는 순간
하늘은 문을 열고 빛을 쏟을 것이다.
감당할 수 없을 만큼 화려하게
입을 다물 수 없을 만큼 놀랍게

98. 상처가 깊어지면 이 향을

촉수는 길고 가늘게
등은 최대한 곧게 펴고
온 힘을 다해 외친다.
혼자 하면 소용없어.
함께 해야 아름답게 섞이는 법.
그래서 우린 하늘을 향해 합창하듯
향을 내뿜는다.
그 순간 반응하는 별이 보이지.
그들도 신호를 보내며 우리를 유혹한다.
밀고 당기는 사이에 우린 서로 닮아간다.
사람들은 이런 우리를 이해하지 못해.
하지만 우리는 두어 줌 아량을 남겨 놓았지.
그것이 우리의 자비가 된 지 오래되었네.
손등에 향을 조금씩 부으며 부탁한다네.
상처가 깊어지면 이 향을 꼭 바르세요.

99. 평화는 싸움으로 얻는 것이 아니라네

평안을 비는 기도는 처음부터 있었다.
신은 몇 번이나 "너희에게 평강이 있을지어다" 했고,
그 강물은 지금도 고요히 흐르고 있다.
그럼에도 두려움이 이는 것은 넉넉함이 부족한 것.
그 때문에 쌈박질한 일이 어디 한두 번인가.
신은 우리의 연약함을 돕기 위해
하늘 곳간을 열어 평화의 씨앗을 몇 번이나 풀었다.
하지만 우리는 다급함에 밀려 더 싸워야 했다.
끝이 보이지 않는 이 소유욕은 어디에서 온 것일까?
우리는 언제 싸움을 그치고 서로 사랑하게 될까?
마침내 신은 자족하는 마음과 용서의 비밀을 가르치며
하늘의 평화를 누리게 만들었다.
여보게, 평화는 싸움으로 얻는 것이 아니라네.
욕심만 키우면 평화의 자리는 없어.
용서할 수 없는 자를 용서하고
사랑할 수 없는 자를 사랑할 때 오는 것.
남 탓하지 않고 자족하며 온유의 옷을 입을 때
평강은 비로소 우리의 신발이 될 것이다.

100. 너무나 아름다운, 그러나 아무나 소유하기 어려운

너는 주먹을 내려놓는 순간 찾아와,
거친 말 대신 거룩한 침묵이 흐를 때 꽃이 된다.
너는 먼저 손 내미는 자의 가슴에서 태어나
눈물로 빚어낸 둔덕을 따라 말없이 자라지.
너는 이긴 자의 깃발 아래 있지 않고,
지는 것도 마다하지 않는 자의 품이 되기도 했네.
너는 가장 겸손한 자가 먼저 손 내미는 순간,
그곳이 하늘의 문턱이 될 때 침입하듯 들어오지.
너는 소리 높인 외침이 아니라
누구도 듣지 못하는 속삭임이며,
밤새워 기도하는 자의 무릎 위에
새벽이 되어 찾아오는 선물이라네.
너는 자신을 내려놓는 자이 마음에 태어나
말 대신 침묵이 흐를 때 만발하는 꽃이라네.
너무나 아름다운
그러나 아무나 소유하기 어려운

101. 아주 작은 빛 하나를 내 마음에

우리는 모두 한 번쯤 어딘가를 떠나온 사람이다.
되돌아갈 수 없다는 걸 알면서도
자꾸만 지나온 길을 떠올린다.
그때 그 말, 그때 그 눈빛, 그때 만난 마음들.
손에 잡히는 기억은 없지만
늘 내 등 뒤에서 종종 따라온다.
나는 이제 안다. 모든 것이 지나간다는 것을.
그것은 슬픈 것이 아니라 아름답다는 것도.
꽃은 피었다 지고, 다시 피지 않는가.
그래서 오늘도 나는 그 꽃을 생각하며
아주 작은 빛 하나를 마음에 붙잡아 둔다.
언젠가 어두운 길을 걷게 될 때
그것이 당신의 것이 되기를 바라며

102. 그 안에는 은혜가 흐르고, 사랑이 숨 쉰다

누군가는 다리처럼 조용히
사람과 사람 사이를 이어준다.
부드러운 말 한마디, 눈빛 하나로도
세상의 균열을 메우는 사람.
그 안에는 은혜가 흐르고, 사랑이 숨 쉰다.
강한 말보다 따뜻한 마음이 더 먼 길을 가듯
그는 언제나 말없이 우리 곁에 머문다.
넘어질 때 받쳐주는 다리,
어두운 날엔 작은 등불 같은 사람.
세상이 차가워질수록 그의 빛은 더욱 환하지.
그는 오늘도 고요한 다리 위에 피는
가장 따뜻한 꽃이 되었다.

103. 네 이름을 부르면

햇살로 호흡하는 양지,
그곳에 창처럼 투명한 바람이 지나간다.
그리고 어느 조용한 오후,
삼나무 한 그루가 뿌리를 내린다.
마치 빛과 바람과 나무가
함께 숨 쉬는 풍경 같다.
늘 햇빛을 향해 가슴 열고,
세상과 통하는 창이 되며,
그 속에서 깊고 곧게 자라는 마음 하나.
누구도 쉽게 흔들 수 없는 푸르른 중심.
세상의 소란이 닿지 않는 숲 깊은 곳에서도
너는 자기만의 계절을 살아간다.
네 이름을 부르면
조용히 빛이 깃들고, 창이 열리며,
나무 한 그루가 자라는 소리가 들린다.

104. 하지만 그 모든 틈 사이에서도

우리가 겸손히 두 손을 모을 때
그것은 기도의 시작이거나
폭풍을 멈추기 위한 것이었다.
말이 칼보다 날카롭던 날에도
우리는 눈빛 하나로 마음을 건넸다.
작은 용서 하나가 다리를 놓고, 길을 만들었지.
평화는 거창한 선언보다
아침에 눈 뜨는 아이의 숨결에 있고,
서로의 이름을 부르며
고개를 끄덕이는 순간에 있다.
우리는 때때로 다투고, 무너지고, 잊는다.
하지만 그 모든 틈 사이에서도
화평의 집을 다시 짓곤 했지,
돌 위에 돌을 얹듯, 마음을 다해.
그리고 마침내, 어느 날,
누구도 두려워하지 않고
서로의 곁에 앉을 수 있게 될 때
우리는 비로소 인간 됨을 기뻐했다.

105. 시간은 물처럼 손끝을 빠져나가고

아침은 투명한 숨결로 다가온다.
창틈 사이로 얼굴을 드러낸 빛은
방 안을 조용히 쓰다듬고,
책장 위 먼지는 눈이 부셔 어쩔 줄 모른다.
빛은 언제나 그렇듯 침입자다.
더러운 것은 금방 드러난다.
빛은 오후를 따라 느린 음악으로 변장한다.
찻잔의 온기는 이미 식었지만
창밖에 기대선 나무 그림자가 입맛을 다시고 있다,
빛은 점점 고도를 낮추며
긴 그림자를 들고 떠날 준비를 한다.
시간은 물처럼 손끝을 빠져나가고
하루의 끝에서 비로소 너를 만난다.
하루는 빛으로 시작해
오후의 침묵 속에 머물다, 저녁 어스름에 안긴다.
이젠 나도 누워야겠다.

106. 봄은 여름에, 가을은 겨울에 묻는다

봄은 꽃잎을 열고 화려하게 부활한다.
그러나 누구도 묻지 않는다,
그 부활이 몇 번의 죽음 위에 서 있는지.
여름은 열을 깊숙이 들이마신다.
온 세상을 타오르게 하며,
자신이 불꽃인 줄 착각한다.
그러다 어느 날,
자기 속에서 타버린 것들을 토해낸다.
사랑에서, 그리움까지.
가을은 모든 것을 정리하며 말한다.
"이제는 놓을 시간이다."
그러나 떨어진 잎들은
끝내 뿌리를 잊지 못한다.
겨울은 조용히 문을 닫고 자신을 감춘다.
침묵은 얼어붙은 고백이 되어
다시 봄을 기다린다.
봄은 여름에, 가을은 겨울에 묻는다.
너는 어이해 오고, 어이해 그토록 멀어지는가?

107. 박물관 앞에서

지나간 세월은 말이 없다.
사가는 머리를 싸맨 뒤 역사를 엮어낸다.
그것이 의미로 자리 잡는 데는 시간이 필요하지.
관심을 두지 않던 것이 쪽빛을 발하면
사람들은 눈을 크게 뜨며 새롭다 한다.
그리곤 벽 한쪽을 기꺼이 내준다.
오래 기억해야 한다며.
하지만 그것도 순간이다.
세상은 매사에 관심 둘 일 없지.
자기 것도 아닌데 왜 더 관심을 두겠어.
그래도 지나는 객이 눈길 한 번 주면
그것으로 감사하다 하고,
악수를 청해오면 기꺼이 손을 내민다.
어쩌다 한 번 온 것도 고객 임엔 틀림없지.
우리 인생을 못에 걸어놓은 곳이니
세월을 탓하지 마라.
박물관 앞에서

108. 그늘에 볕이 밝게 드는 날

부끄러움은 그늘에 숨어
좀처럼 모습을 드러내기 싫어한다.
누구나 조금쯤은 그를 갖고 있지만
아예 모른 체 하지.
그로 인해 양심은 작동하기 시작하고
자신을 다스려 나가니 나쁜 것만은 아닐 터.
하지만 사람들은 애써 외면하니 어쩌겠는가.
그는 오늘도 숨어 밖을 엿보곤 한다.
웃을 때 웃지 못하고, 나설 때 뒤로 물러서며
내 안의 무게를 재고 또 잰다.
그 덕에 말 한마디 되새기고
손짓 하나에도 조심을 담으니
어찌 감사하지 않을까.
그늘에 볕이 밝게 드는 날
그와 함께 춤을 추리라.
수줍은 향기 날리며

109. 천 개의 방울이 폭포수처럼

오늘따라 종일 비가 내린다.
뭔가 할 말이 있는 게 틀림없다.
그동안 뙤약볕에 생각까지 말릴 것 같은
으름장에 주눅 든 판에 갑자기 무슨 일이람.
안아주기를 몇 번이나 주저하자
그만 이별을 고하는 눈물이 되어 손등을 적신다.
그것이 무엇을 뜻하는지 도무지 알 수 없는데
그는 그저 울기만 한다.
갑자기 울보가 되었나,
내가 무슨 잘못을 했나 곱씹어보는데
갑자기 소리가 몰려온다.
사람들이 자꾸만 나를 본다.
눈을 들어보니 비가 천 개의 방울이 되어
나를 향해 달려온다.
내 목을 조르려는 순간 하늘이 가로막는다.
천 개의 소리가 한 번에 터진다.
폭포수처럼, 천둥처럼

110. 하지만 우리는 안다

그는 말없이 다음을 준비한다.
무엇이, 어떻게 시작될지 알 수 없지만
그 안에 우리의 미래가 있다는 것은 분명하다.
예측할 수 없는 하루하루 속에서도
그는 꾸준히 생각하고, 만들어낸다.
만일 그의 하루가 창조의 연속이라면
그의 능력을 의심할 이유는 없다.
우리를 위해 수없이 고민해 온
그 깊은 마음을, 어찌 다 헤아릴 수 있을까.
오늘도 그는 쉬지 않는다.
많은 이들이 그의 다음 작업을 기다린다.
어제 남긴 흔적만으로도
우리는 다가올 시간을 기대한다.
왜 그토록 우리를 생각하느냐는 물음에
그는 한 번도 답하지 않았다.
그러나 우리는 알고 있다.
그것이 사랑 때문이라는 것을.
우리의 연약함 때문이라는 것을.

111. 누군가 지나갈 다음 계절을 위해

바람 부는 골목 어귀에
누군가 두고 간 고운 말 한마디,
빛바랜 기억처럼 돌고 돌다
내 마음 밭에 자리를 잡는다.
낮엔 꽃이 되어 피어나고
저녁엔 노을에 얹혀 숨을 쉰다.
그도 어디에선가 이 모습을 바라보겠지.
그에게 따스한 차 한 잔 전해주시게.
시간은 저물고 그림자 길어져도
그 꽃은 지지 않는다
그의 말이 향기가 되어 온 누리를 적시고
또 다른 봄을 준비한다.
이 골목의 끝에 서서
나도 그를 닮은 말 한마디 꺼낸다.
누군가 지나갈 다음 계절을 위해
작은 시 하나를 씨앗처럼 남긴다.

112. 이렇게 계절은 말로 피고 시로 익어

누군가가 우연히 이 골목을 지난다.
바람은 여전히 불고, 작은 꽃 하나 그의 발끝을 붙든다.
그는 모른다,
그 꽃이 누군가 남기고 간 말의 잔해인 줄은.
다만 그 향기에 잠시 발을 멈춘다.
차가운 주머니 속 손을 꺼내
조심스레 손끝으로 꽃을 어루만지다,
그도 모르게 마음속 말 하나가 피어난다.
"괜찮습니다, 당신도 언젠가는..."
그 말은 아직 익지 않았지만
햇살을 조금 더 삼키면
언젠가 누군가를 위한 사과가 될 것이다.
이렇게 계절은 말로 피고 시로 익어
다시 누군가의 마음 밭에 한 송이 꽃이 된다.

113. 시는 기다리는 사람의 것이다

시는 기다리는 사람의 것이다.
그것은 익은 사과 맛이다.
햇살을 몇 번이나 삼킨 끝에야
비로소 내어주는 단맛.
그것을 먹어본 사람은 없지만
손끝이 닿기 전부터
붉게 물든 향이 코끝을 찌른다.
기다림은 나무 아래 그림자처럼
조금씩 길어지고, 조금씩 달콤해진다.
잊기엔 너무 값진 너를
왕자처럼 기억하며 예를 지킨다.
모두가 경건한 자세로 설 때
시는 하루를 삼키고, 계절을 넘기며
우리를 찾아온다.
진한 속살이 입을 열어 진실을 고백할 때
시는 비로소 말문을 연다.
기다린 자만이 알아듣는 언어로

114. 거센 바람 속 흔들린 마음에

주여, 어둠 속 길 잃은 내 맘에
하늘의 빛 비추소서
거센 바람 속 흔들린 마음에
주의 평안 내려주옵소서
주여, 세상 소리에 지친 내 영혼에
주의 음성 들려주옵소서.
눈물 젖은 무릎에도
희망의 씨앗 돋게 하옵소서.
주여, 믿음은 작고 염려 크지만
주의 은혜로 붙드옵소서.
넘어져도 다시 일어서는
주의 자녀 되게 하옵소서.
주여, 마지막 날 다가와
기쁨으로 주의 얼굴 뵐 때
찬양 가득한 입술 되어
영광중에 서게 하옵소서

115. 그 은혜의 바람을 기다리며

고요한 새벽안개 속에
숨죽여 우리 마음을 하나씩 내립니다.
무거운 숨결과 꺼지지 않는 아픔까지
조용히 주님 앞에 내려놓습니다.
주님이 가신 길에 우리네 아픈 흔적도 보입니다.
주의 이름만 불러도
눈물이 빗물처럼 뺨을 타고 내립니다.
"주님, 우리가 여기 있습니다."
주님은 떨리는 목소리까지 보듬으며
잊지 않고 이름을 부르십니다.
깊은 어둠은 서서히 물러가고
저 먼 곳으로부터 새벽이 터오듯
하늘의 소망이 여린 가슴에 차곡차곡 깃듭니다.
십자가 아래,
우리는 오늘도 엎드립니다.
무너진 내 마음을 어루만지는
그 은혜의 바람을 기다리며.

116. 견디는 자만이 기적의 순간을 만난다

한여름
사과나무 아래서 그늘은 하루씩 자라고,
내 마음은 둥근 과일보다 먼저 익어간다.
기다림에 지쳐 누군가는 서둘러 따 가고
누군가는 아예 돌아서지만
견디는 자만이 절호의 순간을 만난다.
바람이 먼저 알고,
새벽이슬이 전해주는 신호, 지금이다.
더는 기다릴 필요 없는 그때
사과는 잡았던 줄을 놓고 뚝 떨어진다.
진한 향기로, 무게로,
모든 시간을 응축한 채.
그 시간은
기다림을 아는 이에게만 달콤하다.
아픔도, 공허도
모두 잊은 채.

117. 기억은 자꾸 뒤돌아보며

그리움은 긴 비단실 같다.
흐리고 얽어진 과거를 지우지 않은 채
미래와 연결하고 싶어 하는.
그리움은 추를 건드릴 때마다
울리는 산사의 풍경 같다.
잠든 나를 흔들어 깨는 바람처럼
불현듯 마음을 흔들기도 하는.
그리움은 마음에 그어놓은 직선 같다.
시간은 앞을 향해 흐르지만
기억은 자꾸 뒤돌아보며 걷는다.
그리움은 누군가의 마음에 살아있는 숨결 같다.
낡은 사진 한 장, 지나간 목소리,
그리고 눈 감으면 느껴지는 온기처럼.
그리움은 오래된 기억의 모서리에서
잊지 않고 찾아오는 친구 같다.
자주 만날 수 없지만 손끝에 감기고
가슴에 엮이는.
오늘따라 네 이름 불러본다, 그리움으로

118. 무슨 날이기에 꽃들이

길목에 자리한 꽃들이 줄지어 서있다.
무슨 날이기에 그토록 진한 화장을 했는가 싶다.
바람 한 자락에도 살짝 고개를 흔들고,
누군가 기다리는 눈빛은 차마 숨기지 못한다.
무심히 떠난 봄 때문인가,
아직 받지 못한 답 때문인가.
사람들이 말없이 스치듯 지나가면
꽃들은 금방 입을 다문다.
하지만 향기만은 끝내 돌아설 줄 모른다.
오늘이 무슨 날인지 아직 모르지만,
꽃들의 서성임에 잠시 걸음을 멈춘다.
내사 궁금하기 짝이 없는데,
미소 가득 머금은 꽃을 보니
보통날이 아닌 게 분명하다.

119. 바람 때문에

아무 움직임이 없던 계곡의 나무들
아예 부처가 되었나 싶었는데
이 밤엔 어인 일로 두 팔, 세 팔 모두 흔든다.
옆 나무도 질세라 합세한다.
너희들 나 몰래 무슨 짓 하는 거니
묻고 싶은데
그것이 바람 짓인 것을 금방 알았다.
그놈의 긴 옷자락이 휙 빠지며
남김없이 흔들어댄 거지.
세상에 속일 것이 따로 있지
내 눈은 못 속인다.
이파리마저 창백한 채 나무들이 용서를 빈다.
그래 흔들어대던 팔로 빌어봐라.
바람이 산으로 도망하자 계곡은 조용해졌다.
하지만 지금 산은 제정신이 아니다.
그놈의 바람 때문에, 바람 때문에

120. 그리운 것들의 이름이 시간에 녹아

시간은 기다림을 낳고
바람은 그리움을 두어 짝 싣고
행상처럼 먼 곳으로 떠났다.
언제 돌아올지 알 수 없는데
문틈으로 흘러든 햇살이 자꾸만 불러댄다.
떠난 것은 더 이상 움켜쥘 수 없지.
그런데도 생각은 자꾸만 벽을 넘는다.
모래처럼 흩어진 기호들이
밀물 따라 모이기 시작하면
언어로 태어나는 기적도 일어나겠지.
하지만 더 이상 기대하지 말자.
가버린 것은 돌아오지 않는 법.
되돌아온다 해도 씁쓸함만 남을 것이다.
눈길 한 번 주지 않을 그것에
그래도 조용히 기대는 것은 자유다.
빼곡하게 적힌 그리운 것들의 이름이
시간에 녹아 추억으로 뚝뚝 떨어진다.

121. 떠날 때가 오면

떠날 때가 오면 "참 고맙다." 할 것이다.
곁에 있어 주어 고맙고, 친구 되어준 것도 고맙다.
하늘은 늘 신선한 얼굴로 대해주었고
구름은 끊임없는 연출로 감동을 주었다.
삶은 진정 선물이었어.
두 눈으로 너를 보는 것만으로도 신비였지.
기뻐 울었던 감격 그대로 안고 갈 것이니
염려는 놓게나.
이제 섬을 떠나며 남길 내 몇 자의 글이
네 마음을 움직이고,
햇살 닿는 자리마다 치유가 인다면 얼마나 기쁠까.
긴 밤을 지나 물가에 작은 물결일 때
조용히 나를 찾아와 이름을 부르게.
바람 한 점 스칠 때마다 한 송이 꽃을 피워
자네 목에 걸어주겠네.
혹시 떠난 자리에 침묵이 자란다면
구부러진 자네 등을 토닥이고 싶네.

122. 사랑이 말한다면

사랑이 말한다면 그건 속삭임일 겁니다.
조용히 귀에 기대며 말할 겁니다.
"괜찮아, 지금 그대로."
사랑이 말한다면 그건 눈빛으로 올 겁니다.
마음 깊은 곳을 두드리며
슬픔까지 안을 겁니다.
사랑이 말한다면 그건 기다림일 겁니다.
시간보다 길고 차분하게
곁에 머뭅니다.
사랑이 말한다면 그건 침묵일 겁니다.
말하지 않아도 다 알고,
아무리 멀어도 함께 갑니다.
사랑이 말한다면 그건 너라는 이유만으로도
모든 것을 안겨주어도 아깝지 않은
그런 언어일 것입니다.

123. 너에게 줄 비밀의 끈이 있다면

너에게 줄 비밀의 끈이 있다면
조용히 마음을 묶을 때
가만히 너를 떠올린다.
빛보다 느리고, 바람보다 깊은
이야기 하나 꺼내어
눈에 보이지 않지만
손끝으로 느낄 수 있는 끈을 만든다.
기억의 실타래로 짠 그것은
아픈 날엔 위로가 되고
웃는 날엔 더 멀리 날게 하는 날개가 된다.
모르는 새, 그 끈은
네 마음의 지도를 따라 움직이고
내가 닿지 못하는 곳에서도
너를 감싸는 따뜻한 인사가 된다.
그러니, 혹시 길을 잃게 되면
가만히 그 끈을 당겨줘
언제든 너에게로 묶일 테니까.

124. 한 줄기 빛마저도 은혜 되어

눈물 머금은 기도처럼
마음은 온통 주님을 향합니다.
이 작은 가슴에도 주님의 사랑이
바람 따라 흐르듯 스밉니다.
넘어진 날에도 손 놓지 않으신
그 사랑 앞에 무너져
한 줄기 빛마저도 은혜 되어
나를 다시 일으킵니다.
손 모아 드리는 기도에
작은 떨림이 큰 평안이 되고
고요한 숨결 속, 주의 음성이
내 영혼을 깨웁니다.
고난의 길 위에서도 흔들리지 않게
등불 되어 걸음을 인도하신 주님.
온 맘 다해 찬양합니다.
오직 주님께, 이 생명 다하도록

125. 비에게 묻는다

너는 약해 보이지만 놀라운 힘이 있다.
때로는 강을 뒤집고,
무서운 파괴력으로 다가오기도 하지.
요즘 기후가 재앙이란 말들을 하지만
넌 그것의 시작을 이미 경고했었다.
신호를 무시한 것이 잘못이지.
뒤늦은 후회라도 깨달음을 주었으니
감사한 것 아니겠나.
놀란 하늘은 평화가 올 것이라 위로하지만
그것은 속마음을 떠보는 것일지 몰라.
동네엔 네가 찾아올 것이라는 경고가 붙었다.
그것이 어떤 선물이 될 것인지는 너만 알고 있다.
그래서 우린 묻는다. 비에게.
이번엔 어인 행차냐고.
답을 줄 거라곤 아무도 생각지 못하겠지만.

126. 그림자의 나라

그림자의 나라,
그곳에선 모두 검은 옷을 입는다.
무슨 일이 일어난 것도 아닌데
빛은 길을 비켜 가고
그 자리에 어둠이 길게 피어난다.
창백한 달이 하늘에서 졸고 있다.
마음은 뒤엉켜 잔물결처럼 인다.
그 나라에선 소리조차 그림자가 된다.
그림자의 나라,
그곳의 주인공은 그림자다.
누구도 그의 허락 없이 움직여서는 안 된다.
그를 허상이라 부른 자는 감옥행이다.
그를 조금만 거부해도 설 자리를 잃는다.
모두가 그림자의 종이 되어 바삐 움직인다.
이제 세상이 그림자의 나라가 되었다.
시대는 그림자를 노래하고 그림자를 닮아간다.
그림자의 나라가 되었다.
참 가슴이 아프다.

127. 기다림이 가끔 싫증을 낸다

기다림이 가끔 싫증을 낸다.
아무것도 먹지 못한 지가 오랜데
왜 관심조차 두지 않는가 말이다.
그가 뭔가에 배고프다는 사실을 처음 알았다.
시가 한 줄 김밥을 싸 들고 문안을 왔다.
그런데 눈길조차 주지 않는다.
그때 배고프다는 것이 핑계인 것을 알았다.
배고픈 시인이 싼 김밥이 무슨 영양이 있을까?
그런 생각이었다면 수준이 낮은 거지.
한 줄의 시가 삶을 송두리째 바꿀 수 있는데.
설득도 통하지 않는 것 보면 더 기다려야 할 것 같다.
기다림은 기다릴 때 가치가 있는 법.
게다가 무엇을 기다리는가가 중요하지 않겠니.
더 중요한 것은 기다려서 뭘 어쩔 건데.
한 대 맞은 기다림이 멀미를 앓기 시작한다.
쿵쿵 앓다가 정신이 나겠지.
아무 말 않고 기다렸으면 기특기나 하지.
싫증내다 본전도 못 찾았다.

128. 시간은 붙잡는 것 아니야

시간을 고무줄처럼 늘린다.
뭔가 하고 싶은 일이 있었겠지.
그렇다고 질적인 시간을 갖는 것은 아니니
조금씩 여유를 갖는 것이 어떨까.
너무 재촉하면 될 일도 안 될 것이니
아예 무리할 생각은 하지 말게나.
삶이 그리 쉬운 것이 아님을
일찍이 알았을 터이니 뭐라 하지는 않겠네.
숨쉬기 어렵고 터질 것 같은 순간이 오면
얼른 말해주게.
긴급상황을 알리고 조치를 해야 하지 않겠나.
그런데 듣는 척도 안 한다.
자꾸만 시간을 잡아끌고 놓아주지 않는다.
여보게, 시간을 붙든다고 가지 않는 것은 아니니
욕심은 버리시게.
그 순간 시간이 밖으로 튕겨 나갔다.
돌아올 수 없는 강을 건넌 것.
내가 뭐랬나. 시간은 붙잡는 것 아니야.

129. 주여, 이 아침에 새 빛을 더 하소서

주여, 이 아침에 새 빛을 더 하소서.
어두운 밤 지나온 지친 가슴에
당신의 진한 숨결로 희망을 채우소서.
그발 강가에 선 에스겔처럼
당신의 말씀을 기다리오니
두 손 높이 들어 기도하게 하소서.
이 하루, 종의 걸음마다 진리의 향기 심으소서.
거친 길 위에도 꽃은 필 것이오니
주여, 이 아침에 당신의 은혜를 더 하소서.
주의 빛으로 닫힌 마음 열게 하시고
사랑으로 진균하게 하소서.
주여, 이 아침에 성령의 기름을 부어주소서.
지친 영혼에 당신의 생명을 불어넣으시고
묵상 가운데서도 당신의 뜻을 읽게 하소서.
정결한 갈망과 감격한 눈물로 길을 걷게 하시고
주의 은혜로 빛나는 하루 되게 하소서.

130. 여름의 초대

뭉게구름 피는 오후,
빛은 강하게 쏟아지고
그 아래서 나는 여름을 조금씩 맛본다.
바람은 맛에 취해 몸을 가누지 못한다.
나뭇잎은 이따금 나를 부르며 인사를 한다.
작은 새들도 곧 알게 되겠지.
한여름의 잔치가 이미 시작되었다는 것을.
구름 너머로 푸른 꿈 옷자락이 보인다.
어쩌자고 비밀을 드러내는지 조마조마한데
햇살은 벽을 뚫고 들어와 나를 유혹한다.
주인님, 떠날 준비되셨나요?
내 그림자가 비시시 웃는다.
엉켜버린 기어이 다른 기억을 지운다.
괜찮을까 속으로 묻고 싶은데
시간은 흐르며 나를 안아준다.
그래 가는 거야.
마음은 이미 흔들리고
나는 긴 여름 속으로 걸어 들어간다.

131. 하나님의 옷자락

고요한 어둠이 숨을 죽인 새벽,
나는 바람의 속삭임 속에서
당신의 자락을 느낍니다.
끝없는 자비가 흐르듯
그 옷자락은
내 어지러운 마음을 감싸안고,
상처 난 어제를 조용히 덮어주지요.
마르지 않는 은총이
천천히 스며들어
아픔마저 기도로 빛나게 하십니다.
나는 움직이지 않은 채,
오직 주님만 바라보다가,
그 깊고 너른 손길 앞에
두 손 모아 감사를 올려드립니다.
이 아침에

132. 춤추는 너에게

간밤에 난 네가 춤추는 것을 보았지.
하얀 천사의 옷을 걸친 채
열두 팔을 흔들며
그렇게 정신없이 기뻐하는 너를 처음 보았다.
옆에 선 나무도 네 모습에 빠져
멍청하게 지켜보고 있었다.
너무나 대비되어 웃음이 나왔지.
사람들은 잠 들어 아무것도 보지 못했으니
날이 새거들랑 그냥 모른 체 하거라.
간밤에 일어난 일을 묻는 사람은 없을 거야.
그게 뭐 부끄러워할 일은 아니지.
얼마나 멋진 한 판이었는데.
난 적어도 그렇게 생각해.
그리고 네게 그런 능력이 있었다는 것이
얼마나 자랑스러운데.
아침에 너를 보니 능청스럽게 가만히 서 있더라.
뭐라 하지 않을 테니 눈짓은 아끼지 말거라.
그리고 언젠가 춤 한 번 더 보여줘.

133. 그땐

키를 한 자 키우고 싶을 땐
사랑의 키도 한 뼘 더 하렴.
삶의 별미가 느껴질 것이니.
말을 잘하고 싶을 땐
경청의 시간을 더 늘리렴.
소통의 문이 열릴 것이니.
누구를 만날 땐
존중과 배려의 마음을 잊지 말렴.
보는 눈이 달라질 것이니.
자연을 보고 아름다움을 느낄 땐
너 때문에 참 기쁘다고 말하렴.
다음엔 너를 향해 손을 흔들 것이니.
하루를 접을 땐
감사의 기도를 잊지 말렴.
내일이 기쁨으로 문을 열 것이니.

134. 하늘나라는 정말 좋은가 봐

어머니께 여쭈었다.
"돌아가신 아버지가 보고 싶지 않으세요?"
어머니는 말씀하셨다. "주님 곁에 계신 데 뭘."
물론 그리우셨을 텐데.
그러다 한 마디 더 덧붙이신다.
"하늘나라는 정말 좋은가 봐. 아무 소식도 없으시니."
그렇게 18년을 홀로 지내시다 주님 곁으로 가셨다.
오랜 세월 떨어져 지내다 천국에서 다시 만나셨으니
얼마나 기쁘실까.
두 분 손잡고 이곳저곳 다니시느라 참 바쁘신가 보다.
어머니 떠나신 지도 벌써 7년, 그런데 아무 기별이 없다.
작년엔 동생이 너무 이른 나이에 갑작스럽게 떠났다.
아직 더 살아야 했던 그였는데 왜 그리 서둘러 갔는지.
그런데 그도, 지금까지 아무 말이 없다.
아버지도, 어머니도, 동생도.
"하늘나라가 정말 좋은가 봐. 아무 소식도 없으시니."

135. 난 지금 너를 보고 있다

오늘은 하늘이 낯을 가린다.
구름 사이로 수줍음이 보인다.
무엇을 고파하는지 입술까지 파랗다.
내가 줄 것은 한 그릇의 관심과
한두 정거장 갈 수 있는 노잣돈이다.
그것으로 허기를 메울 수 없겠지만
여기저기서 관심을 보이면
가까운 별나라엔 갈 수 있겠지.
그곳에서 기회를 만나 말하게나.
나의 소망은 너른 세상에 평화를 심는 거라고.
더 이상 배고파 울지 않고,
더 이상 전쟁으로 아파하지 않는 세상.
그것을 가질 수만 있다면
하늘도 편할 수 있겠다고.
뭔가 알았다는 듯 신호를 보내려는데,
잠시 비가 내린다.
그것이 단비가 된다면 무엇을 바랄까.
난 지금 너를 보고 있다.

136. 부끄러움이 씻길 때까지

비가 밤새 회개의 눈물을 흘립니다.
그 눈물이 강물처럼 흐르면
모든 더러운 것들이 씻겨나갑니다.
거룩한 씻음입니다.
회개할 것이 많으냐 물으니
사람을 보아도 눈물이 나고
세상을 보아도 눈물이 난다고 합니다.
그 말을 들으니 부끄러워집니다.
상관없다고 생각한 것이
오히려 죄가 되었습니다.
손을 내밀어 용서를 구합니다.
그런데 비는 눈물로 대합니다.
그 사랑이 몸에 닿을 때마다
전율이 느껴집니다.
그 후로 비는 친구가 되었습니다.
비는 다시 찾아올 것입니다.
그때마다 난 회개의 문을 엽니다.
부끄러움이 씻길 때까지

137. 논리의 반격

요즘 논리가 이상해 보입니다.
고민이 되는지 잠도 설치고요.
가끔 실수도 해요.
그래서 걱정이 됩니다.
괜찮냐 물으면 화낼 것 같아
묻지도 못합니다.
논리가 길을 잃으면
설 자리가 없을 터인데
지금 무슨 생각을 하고 있는지
알 수가 없습니다.
그 어떤 반격도 허용하던 그였는데,
대담한 언어로 상대를 제압한
그 용기는 어디에 둔 것일까요.
무엇에 홀려 제 살을 깎는 것은 아닐지
염려가 앞섭니다.
그런데 놀라운 것은
그가 우리를 걱정하는 것이었어요.
지금 지구는 잘 돌아가고 있나요?

138. 그땐 꼭 미소를 지으렴

이제 마지막 시간이 다가오고 있다.
두어 주 지나면 남은 잎들도 목이 탈 것이다.
태양은 더 이상 우릴 봐주지 않는다.
이젠 무거운 것들을 내려놓고
훌훌 떠나기만 하면 된다.
과거는 모두 역사로 남게 되겠지.
언젠가 누가 그것을 읽을 때
부끄럽지 않다면 잘 산 것이다.
존경받을 일이 있다면 영예롭겠지.
하지만 그것까지는 기대하지 않는다.
그렇다고 후회하지는 말자.
치열하게 살았던 일,
그리고 힘들 때 하나 되었던 것이
뇌리에서 지워지지 않은 것만으로도
우리의 삶은 얼마나 아름다운가.
여름이 문을 닫으면
다음 계절이 문을 두드리겠지.
그땐 꼭 미소를 지으렴.

139. 그들의 역사는 그렇게 가고 있었다

그는 덩치에 비해 아주 순했지.
골목도 마다하지 않고 숲속도 걸었지.
왜 아니 숨차지 않았겠어.
때론 동네 어귀에 앉아 오가는 사람 보며
아무 말 없이 지켜보기도 했는데
어느 날 갑자기 가버렸다.
그 뒤 주인도 떠났어.
돌아올 수 없는 길로 함께 간 거야.
그 뒤로 그의 친구들이 나타나
그의 흔적을 찾기 시작했지.
그의 냄새가 그리운지 킁킁거리고
자기 자취까지 남기느라 정신이 없다.
그에게 주고 싶은 한 줌 그리움이겠지.
하지만 그는 오지 않았어.
그래도 흔적 찾기와 흔적 남기기는 계속되었지.
이것이 그와 그 친구들의 삶 아니겠나.
그도 하늘에서 보고 있을지 모르지.
그들의 역사는 그렇게 가고 있었다.

140. 화려함과는 거리가 먼 옷을 입고

영광이 늘 화려한 옷을 입고
군주처럼 등장할 것으로 생각했다면
그것은 그를 모르는 것일 수 있다.
오히려 그는 화려함과는 거리가 먼 옷을 입고
몰래 삶의 곳곳을 배회하지.
그러다 눈물 나는 장면을 보면 함께 울고
격려가 필요한 곳에는 미소를 주지.
세상에 그만한 자가 없어
우리는 늘 그를 그리워하고
그를 보고 싶어 하는 사람이 늘고 있다.
그는 광채를 이고 다니지도 않아.
그것은 편견이 낳은 파편들이지.
원래 그런 것과 친하지도 않아.
왜 우린 그런 생각에서 벗어나지 못할까?
하지만 그는 그냥 오지 않아.
친구처럼 찾아와 등을 두드리며
이렇게 사는 것이 제일 좋은 것이라며
꾸러미 하나씩 안겨주지. 아주 포근한 걸로.

141. 놀란 가슴 진중히 유지하게

경고음이 걸음을 붙잡는다.
무슨 일일까?
놀란 가슴으로 그다음 장면을 그리는데
허깨비는 그런 것 원래 없다 소리친다.
경고란 그저 허수아비란 말이지.
비본질이 본질이 될 수 없는 것처럼.
그렇다고 그를 가볍게 보진 말게.
그를 무시하다 생명을 잃은 사람들이 얼마나 많은가.
경고는 너를 지키는 마지노선일 수 있어.
그러니 그를 만나면 감사하게.
허깨비 말에 덩달아 춤추지 말고,
놀란 가슴 진중히 유지하게.
그것이 너로 내일을 보게 할 것이니.

142. 너무 놀랍게, 너무 아름다운 삶으로

태어나자 삶은 선택이 아니라 필수가 되었다.
새는 기쁨으로 받고 감사하며 산다.
맑은 목소리로 노래하기 좋아한다.
나비는 이 꽃 저 꽃 입맞춤하기 바쁘다.
나무는 잎을 피며 손짓한다.
아침은 이들을 맞아 밝게 웃는다.
그렇게 세상은 조화롭고 아름다운 것이 되었다.
때론 성난 족속이 들쑤시며 행패를 부리지만
파도는 쉼 없이 아픔을 씻어낸다.
악 때문에 선이 존경받게 되었지만
원래 삶은 그런 것이 아니었어.
존재만으로 아름다웠지.
해는 늘 눈 부릅뜬 채 우릴 지켜보았고,
달은 어둠이 득세하지 못하게 밤을 비추지.
모두가 오케스트라 단원이 되어 무대에 오르면
대합창이 시작되는 것 아니겠나.
너무 놀랍게, 너무 아름다운 삶으로

143. 이런 사람들이 있어 세상은 살만한 거지

참고 기다릴 줄 아는 사람은
긴 세월 다독일 줄 아는 사람이다.
한마디 가시도 사랑으로 다듬고
꿈도 익혀 접시에 고이 올려놓으며
잘 드시라 말하는 사람은 아름다운 사람이다.
나이가 들며 돋아나는 작은 주름을
손등으로 만지며 그동안 험한 세월 함께 해줘
감사하다 말하는 사람도 마찬가지다.
삶을 푸념하기보다 잔잔히 읽으며
너른 세상으로 시선을 돌리는 사람,
무관심을 관심으로 이기는 사람,
자신보다 이웃을 위해 깊게 기도하는 사람,
험한 구석에서도 남을 배려하는 사람,
보이지 않는 곳에서 더 열심히 일하는 사람,
아픈 자의 고통을 먼저 생각하는 사람,
이런 사람들이 있어 세상은 살만한 거지.
오늘도 사람이 있어 행복한 날,
길을 걸으며 그들을 생각한다.

144. 그때 알았다

간밤에 하늘에 소동이 있었다.
큰 소리 나더니 몇 차례 폭발이 일어났다.
저러다 살림살이 다 깨지겠나.
사람들이 놀라 깨기를 반복한다.
대판 싸움이 일어난 게 틀림없어.
결국 비가 쏟아진다.
하늘의 울음보가 터진 거야.
거센 비가 창문을 두드리지만
그를 안심시킬 방법이 없다.
서러움은 그칠 줄 모른다.
하늘은 온통 회색이다.
그런 눈으로 우리를 대하면 안 되지.
실망이 이만저만 아닌데
아침이 되자 하늘이 먼저 찾아와 말을 건다.
"간밤에 놀라셨지요?
세상 돌아가는 것 보고 화가 나서 그랬으니
너그러이 봐주세요."
그때 알았다.
하늘이 우리를 읽고 있었다는 사실을.

145. 우리는 지금 잘 사는 걸까

그가 숲을 접수하면
모든 것이 악해지고 파괴가 일상일 줄 알았다.
더 이상 살 수 없는 곳이 될 것이라 믿었다.
악마의 통치란 그런 것이라고.
그런데 우리의 상식을 비웃듯
숲에 길이 나고
모두 화려한 옷을 입었다.
웃음이 떠나지 않고, 먹이도 풍부해졌다.
노래도 살아있고, 오가는 것도 편해졌다.
살기 좋아졌다.
그런데 숲이 이상하다.
이름은 숲인데 숲이 아니다.
옛 숲을 그리워하지도 않는다.
아예 숲을 잃어버렸다.
우리는 지금 잘 사는 걸까?

146. 그러니 오늘은 아무 말 하지 말게나

낮은 낮을 찾아가지.
빛을 따라 움직이는 거야 나름 일상 아니겠나.
누가 뭐라 할 것도 없고 눈치 볼 것도 없고.
하지만 밤이 쓴 메시지에 관심을 둔다는 것은
몰랐을 거야.
너만 알고 있어.
달은 낮이 보낸 탐정이라는 사실을.
눈을 동그랗게 뜨는 것은 놀랐다는 것이고.
실눈이 되는 것은 엿보는 중이야.
관심이 없는 것 같지만 정반대일 수 있어.
세상은 거꾸로 말하는 법을 잘 알지.
속기도 하고 속이기도 하지만
아침이 되면 아무 일 없는 듯 시치미를 떼지.
그렇게 하루가 시작되어도 세상은 잘 돌아가.
왜냐고? 이미 다 알고 있거든.
돌아선 이유도 알고, 왜 웃는지도 다 알아.
알아도 안다고 말하지 않는 것이 예의일 수 있어.
그러니 오늘은 아무 말 하지 말게나.

147. 삶은 선택의 연속이라는 것을 기억하게

아무리 힘들어도 절망과 친하진 말게.
그가 자네에게 줄 것은 차디찬 입맞춤뿐이네.
그것이 몸에 닿는 순간
나락으로 떨어질 걸세.
그 깊이는 아무도 모르지.
지금까지 살아 돌아온 사람은 없으니까.

아무리 힘들어도 희망을 붙드시게.
그는 가능성을 소개하며 기쁨을 주려 하지.
당장은 아닐지라도 참고 기다리면
꿈 같은 시간이 올걸세.
그와 사귀는 사람은 뭔가 달라.
생각도 다르고, 사는 모습도 다르지.
난 그것이 더 중요하다고 생각해.

삶은 선택의 연속이라는 것을 기억하게.
자네의 선택이 늘 기쁨이기를 바라네.

148. 이제 답이 정해졌다

불평이 아예 입을 닫았다.
불평을 계속하면
더 심한 고통을 안겨주겠다는 말에
가슴이 철렁했다.
불평이 불평을 낳으니
하늘도 노했다.
너에게 줄 것은 부지깽이밖에 없다.
단단히 후려쳐라.

감사도 놀란 눈치다.
그는 작은 것에 감사하고, 힘들어도 감사했다.
하늘이 감동할 수밖에.
이 정도 것으로 그토록 감사하다니
오늘은 너에게 더 좋은 것을 주겠다.
그 말에 그는 어쩔 줄 모른다.
이제 답이 정해졌다.
오늘 우리가 누구를 만나야 할지를.

149. 아름다운 흔적은 언제나 사랑을 받는다

바람은 곳곳에 춤춘 흔적을 남긴다. 나비는 꽃잎 위에 머물다 간 온기를 남긴다. 햇살은 창가에 머물며 그림자를 남기고, 사람은 마음에 머물며 기억을 남긴다. 시간은 지나간 자리마다 조용히 흔적을 새긴다. 말 한마디, 눈빛 하나, 그 모든 것이 누군가의 하루를 물들인다.

우리도 흔적을 남기며 살아간다. 의도하지 않아도, 사라졌다고 믿어도, 그 자리는 이미 서로로 인해 달라져 있다. 만남은 그리움의 조각을 남기고, 생각은 지우고 또 지운 흔적을 남긴다.

모든 흔적은 언어가 된다. 어떤 이는 그것을 모아 그림을 그리고, 어떤 이는 그것을 모아 역사를 만든다. 어떤 흔적은 잊히고, 어떤 흔적은 되새겨진다. 그 조각들이 쌓이면 전설이 된다.

우리는 흔적 속에서 살아간다. 누군가의 발자국 위를 걷고, 누군가의 숨결을 느끼며, 우리도 또 다른 흔적을 남긴다. 그리고 언젠가, 그 흔적들이 모여 누군가의 삶을 비추는 빛이 된다. 아름다운 흔적은 언제나 사랑을 받는다.

150. 언어의 탄생

그의 입에서는
격이 높은 언어가 탄생한다.
그것이 향기로 변하고, 온기로 변하는 것은
그 말을 듣는 자만이 안다.
우리의 눈은 그를 바라보며
곧 태어날 언어를 기다린다.
시간은 초조함을 건너 기대로 넘어간다.
오늘도 그의 말을 사모하는 것은
새롭게 필 꽃들의 향기 때문이다.
향연이 끝나고 나면 마음이 따뜻해 온다.
아, 우리는 언제 그 언어를 다 배울 수 있을까?
언제 그렇게 될 수 있을까?

151. 고택에서

그가 우아한 것은
역사를 입은 옷만이 아니다.
치켜뜬 눈은 하늘을 바라보고,
해는 빛을 드리우며 응답한다.
마루는 이미 자리를 깔아
우리를 정중히 초대한다.
무슨 얘기가 나올까 궁금한데
정작 그는 한 마디 말도 하지 않는다.
그러나 우리는 좌우를 둘러보며
그의 은은한 자태에 놀란다.
세월이 곳곳에 숨어
우리를 지켜보고 있다.

152. 갑자기 걸음이 가벼워진다

능선을 돌고 돌아
이제야 한숨 돌리는가 했다,
그런데 아직 멀었다는 신호가 잡힌다.
하지만 너무 걱정하지 말게.
가노라면 들의 꽃도 있으니
한두 마디 나누며 가도 좋고,
샘을 만나 물을 마셔도 좋고,
도랑을 따라 흐르는 물에
발을 적셔도 좋으니 그리 아시게.
세상사 마음먹기에 달렸으니 꼭 그리하시게.
다독이는 손길이 고맙다.
눈을 감고 생각해 본다.
그래 여기까지 온 것도 감사한 데
한 걸음 더 갈 수 있으니
얼마나 감사한가.
갑자기 걸음이 가벼워진다.

153. 우리는 오늘도 반응하며 산다

물은 빛에 반응한다.
떨림은 몸짓이고
소리는 감격이다.
둘은 그렇게 포옹한다.

바람도 빛에 반응한다.
바람은 빛을 따라 태어나지만
빛이 바람을 타는 순간
둘은 하나 된다.

가는 물결은 오는 물결에 반응한다.
마주하던 것이 합해지는 순간
제3의 물결이 탄생한다.
그것이 삶이다.

우리는 오늘도 반응하며 산다.
만남이 기적이 될 때까지

154. 하늘처럼, 땅처럼

여름은 가을을 이기지 못하고
가을은 겨울을 이기지 못한다.
그 겨울은 봄을 이기지 못한다.

남편은 아내를 이기지 못하고
아내는 자식을 이기지 못한다.

작은 나라는 큰 나라를 이기지 못하고
큰 나라는 작은 바람을 이기지 못한다.

권력이 제아무리 커 보여도 한순간이고
아름다움도 한순간이다.

우리는 마음이 넓고, 겸손해야 한다.
하늘처럼, 땅처럼

155. 귀가 밖으로 열려있는 것은

귀가 밖으로 열려있는 것은
세상에 관심을 두라는 것이다.
아픔이 자라 잠을 이루지 못하는 사람들.
희망이 끊기는 소리에 가슴을 여미는 사람들.
그 가운데서도 사랑의 끈을 놓지 않는 사람들.
아침 태양이 떠오르면 웃을 수 있다며
기대를 버리지 않는 사람들.
그들의 소리에 귀를 열면
우리도 그 자리에 설 수 있기에
오늘도 귀는 살아서 반응한다.
우리가 두 눈을 가진 것도,
큰 입을 가진 것도 마찬가지다.
우리는 그렇게 삶을 산다.
눈이 오나 비가 오나.

156. 더 단단해진 눈빛으로

우리는 걷기로 했다.
가보지 못한 길이라 두려움도 컸다.
길을 잘못 들어 거칠게 밀릴 때는
초조함에 희망조차 날아갔다.
길이 험할수록 우리는 서로 붙잡았고,
꽃핀 들판에서는 잠시 웃을 수 있었다.
그때는 몰랐다.
함께 걷는다는 것이 얼마나 큰 위로였는지.
말없이 건넨 손길 하나,
비바람 속에 버텨낸 침묵 하나가
우리 사이를 얼마나 단단히 엮었는지를.
아직 약속한 곳에 도달한 것은 아니다.
그래서 종종 묻곤 한다.
"우리는 과연 안전하게 도달할 수 있을까?"
그런데 어느 날 지도에도 없는 길을 돌고 돌아
마침내 도달한 곳은 우리가 처음 만난 곳이었다.
그 순간 우리는 더 단단해진 눈빛으로
서로를 바라보았다.

157. 그 화려한 봄은 갔지만

그 화려한 봄은 갔지만
그의 체취는 향기로 남아
꽃만 보면 그를 그리워한다.
그 화려한 봄은 갔지만
여름을 낳고 가을을 낳았으니
어찌 갔다고 말할까.
그 화려한 봄은 갔지만
잎을 내고 자란 일은 기억할 것이니
어찌 잊혔다 할까.
그 화려한 봄은 갔지만
겨울을 뚫고 다시 태어날 것이니
어찌 기쁘지 않을까.
그것이 어찌 봄에만 붙일 화려한 추억일까.
모든 계절이 다 아름답고 고우니
갔다 한들 어찌 갔다고 말하겠는가.

158. 존재는 베일에 가릴수록 신비롭다

탄력을 잃어버린 동작.
쉽게 그을린 마음.
자랑할 것이 없는 자산.
놀라 다음 말을 잃어버린 순간.
아무도 찾지 않는 고요.
그 속에 시간이 숨어들었다.
무엇을 찾아내려는 걸까.
갑자기 움츠러드는 근육들.
밖으로 내보이고 싶지 않아
숨죽이며 틈을 메우고 있다.
언젠가는 모든 비밀이 풀리겠지.
우리가 왜 그래야 하는지도.
존재는 베일에 가릴수록 신비롭다.
자꾸 드러내면 보석이 아니야.
그래서 하는 말인데.
가만히 있어.
아무것도 아닌 것처럼.

159. 언어가 나를 찾아와

언어로
늘 구수한 맛을 낼 수 없지만
따뜻한 가슴 한 조각은 내 줄 수 있지.
맛본 사람이야 당연히 기억하겠지만
상상만으로도 벅찰 때가 있어.
그 언어가
손을 흔들며 유혹하기도 하지만
때론 가슴을 찌르는 아픔을 주기도 하지.
기습공격엔 두 손 들 수밖에 없어.
그래도 배울 수 있어 좋다.
삶은 경험이니까.
그런데 그 언어가
오늘 찾아와 아주 진한 얘기를 꺼내주었다.
나는 그것을 조금씩 맛보기 시작했는데
도저히 갚을 수 없을 만큼 값진 것이었네.
전에 느껴보지 못한 맛이었어.
그는 그것을 나에게 주었네.
사랑이란 이름으로

160. 지금

지금 가을이 문턱을 넘어온다.
더위를 조금씩 밀어내고
냉골에 서서 땀을 식히라 한다.
모두 기뻐
자리에서 일어나고 싶지 않은 모양새다.
“이대로 좋사오니”를 연발한다.
감기에 걸리면 일어나겠지.
지금 손목이 자꾸 아파한다.
격하면 체한다.
살살 달래야 오래 간다.
무리하지 말라는 신호다.
지금 세상 잘 돌아가고 있나 궁금하신 분
손들라 한다.
그런데 아무도 손을 들지 않는다.
바쁘다 보니 세상이 보이지 않는 게다.
세상은 너무 멀리 있다.
지금은 항상 지금을 말한다.
내일은 어제만큼이나 멀다.

161. 더 좋은 것으로

몇 장 남지 않는 시간이 달력에 걸쳐있다.
몇 차례 강한 비바람이 이면
떨어져 나간 흔적이 선명할 것이다.
그래, 새해맞이로 들뜬 게 어제인데
크리스마스가 가깝다니.
우리네 삶도 그런 것 아니겠나.
조금 있던 잔고마저 비어가니 어쩔 수 없다.
뭐에 쓸 것도 아니니 걱정일랑 접게.
이별을 통고받은 것도 아니고,
함께 손잡을 시간도 있으니
너무 조급해 하지 말게.
우린 아침마다 눈 뜨며 부활을 맛보지 않았나.
그것을 허락한 것은 내가 아니니
그의 자비가 우리를 맞을 것이네.
더 좋은 것으로

162. 행복은 늘 네 곁에 있는데

그는 늘 행복의 나라로 가고 싶어 했다.
행복이 말없이 어느 구석에 사는지,
다함 없는 기쁨이 어디에 숨었는지 몰라
이곳저곳을 헤맸다.
노래 가사도 만들어 이름을 알렸다.
그러나 찾지 못했다.
그는 차츰 늙어가며 꿈을 잃었다.
행복은 존재하지 않을 것이라
생각하기도 했다.
반쯤 철학자가 되었을 때
그는 눈을 감게 되었다.
순간 섬광이 번쩍였다.
그는 행복이 자기를 찾아왔나 싶어
마음을 조리기 시작했다.
그런데 어디선가 날카로운 소리가 들렸다.
"행복은 늘 네 곁에 있는데
다른 데서 행복을 찾다니."
그는 그만 할 말을 잃었다.

163. 세상이 거꾸로 돌아가다 보니

몸에 낀 것은 겉보기일 뿐
긴히 아끼는 것은 보이지 않는 곳에 있다.
깊숙이 묻어둔 것은 그만큼 아낀다는 뜻인데
때론 그마저 잊어버릴 때가 있다.
그래서 갑자기 잊힌 존재가 되었다.
그러자 옷들이 펄럭이며 웃고,
가락지는 더 힘써 주인을 감싼다.
그렇다고 진상이 되는 것 아니니
그만 나대거라 말하고 싶은데
차마 입을 열 수 없다.
이미 그들이 실세가 되었기 때문이다.
세상이 거꾸로 돌아가다 보니
뵈는 게 없다.
그렇게 살아도 될까?
아니면 차라리 잊을까?

164. 저를 너무 슬프게 보지 마세요

그릇은 말이 없습니다.
뜨거운 맛을 본 후 아예 입을 닫았지요.
누구도 그 험한 과거를 꺼내려 하지 않습니다.
사람들은 나를 애지중지 하다가도 내동댕이칩니다.
박살 난 그릇은 더 이상 존중받지 못합니다.
밟히고 으깨진 다음 영영 버려집니다.
그것이 행운인지 모릅니다.
갈 곳이 있는 것만으로도.
하지만 많은 그릇이 아직도 사람들 손에 있습니다.
뜨거운 국물에 데도 대꾸할 수 없습니다.
그저 운명이려니 합니다.
때로는 앉아 쉬기도 하니 그나마 다행입니다.
그러나 저를 너무 슬프게 보지 마세요
사람과 가까이 있다는 것은 정말 기회이거든요.
사랑이 무엇인가도 배우고, 슬픔도 배웁니다.
저는 사랑도 먹고 슬픔도 담아 먹습니다.
얼마나 놀랍습니까.

165. 그는 왜 우리를 멀리할까

그는 왜 우리를 멀리할까?
손에 잡힐 듯, 잡힐 듯하면서도
자꾸 도망 하기 바쁘다.
우리가 외면하고 싶은
전쟁은 오늘도 화를 내며 이곳저곳을 들쑤신다.
우리 지도를 헤집고
도대체 무엇을 찾으려는지 알 수 없다.
그렇게 해서 얻는 것이 무엇이람?
자꾸만 질문을 던지는 데도
싸움은 그칠 줄 모른다.
모두가 정신이 나간 게야.
그렇지 않고서야 그럴 수 없지.
그럴수록 그에 대한 그리움이 커진다.
"그렇게 애타게 찾는 그분은 누구세요?"
네, 늘 전쟁의 반대편에 서 계시지요.
그를 붙잡고 싶은데 잡을 수 없어요.
이 땅에서는.
도대체 왜 그럴까요?

166. 가을이 깊어 가는 이 밤에

주님, 늘 가까이 계시지만
더 가까이하고 싶은 시간입니다.
밖은 고요하고 모든 것이 정지된 느낌입니다.
이 작은 공간에서 홀로 대면하는 것은
얼마나 감사한 일인지요.
그러나 어떻게 표현해야 할지 모르겠습니다.
오늘은 아무 말도 하지 않고
그저 주님만 바라보겠습니다.
고요 속에 계시는 주님을 보며 기뻐하겠습니다.
미소 한번 지으신다면 그것으로 만족하겠습니다.
태어나서 지금까지 주님을 잊어본 적 없지만
때로는 멀리 계신 주님을 그리워한 적 있고,
주님이 보이지 않아 걱정한 적도 있습니다.
그러나 비록 그런 때일지라도
주님은 나를 떠난 적 없고 함께 하셨습니다.
그러기에 오늘은 오직 주님을 바라보며
기뻐하고, 또 기뻐하겠습니다.
가을이 깊어 가는 이 밤에.

167. 우리는 그렇게 살아왔다

시는 주소가 없다.
소리 없이 따라와 둥지를 튼다.
시는 나에게 말을 걸지 않는다.
하지만 그는 곧바로 언어가 되었다.
그에게는 비밀이 없다.
감추고 싶은 것도 드러내며 웃는다.
내가 그에게 부탁한 일은 없다.
하지만 금방 알아본다.
친구가 필요할 때 찾아오고,
청하기 전에 서로 손을 잡는다.
시는 내가 되기도 하고
내가 시가 되기도 한다.
한 몸으로.
우리는 그렇게 살아왔다.
웃으며 울며 토닥이며.
지금까지.
한 번도 싸우지 않고.

168. 오늘 하루가 더욱 빛나게 하옵소서

오늘을 주신 하나님께 감사드립니다.
하늘을 보며 푸르고 너른 마음 갖게 하시고,
뭉게구름을 보며 새하얀 꿈을 꾸게 하옵소서.
산을 보며 변함없는, 굳센 마음 갖게 하시고,
숲을 보며 어울려 살게 하옵소서.
해를 보며 따뜻한 가슴 갖게 하시고,
달을 보며 정직하게 하옵소서.
사람을 보며 이웃을 품게 하시고,
별을 보며 함께 노래하게 하소서.
아픈 자를 포근히 안게 하시고,
슬픈 자에게 손을 내밀게 하옵소서.
온 누리가 배움터가 되게 하시고,
우리의 소원이 주님의 마음을 닮게 하소서.
이 모든 것을 가슴에 담아
오늘 하루가 주 안에서 더욱 빛나게 하옵소서.
주님의 이름으로 기도하옵나이다. 아멘.

169. 설렘이 소망으로 태어나고

너를 만나면 가슴이 설렌다.
네 모습 하나로 우주가 움직인다.
설렘이 소망으로 태어나고
거침없는 용기로 너에게 나아간다.
이름을 묻지 말라.
거대함은 눈을 압도하고
위대함은 마음을 훔친다.
너로 인해 아침은 깨어나고
강물은 흘러 너의 옷깃을 스친다.
바다도 너만큼 깊지 못하고
생각도 너만큼 자유롭지 못하다.
우리는 너를 만나 큰 것을 얻었고
움직일 수 없는 진리를 만났다.
너를 부르고 싶어 노래가 태어나고
너를 보고 싶어 기도가 태어난다.
궁금하다면 눈을 감아라.
가슴을 활짝 열어라.
마음의 눈으로 그를 바라보아라.
그가 너를 향해 걸어올 것이다.

170. 마지막 페이지에 서서

마지막 페이지에 서서
자꾸만 뒤를 돌아본다.
지난 세월이 저만치 줄지어 서 있고,
나는 그를 향해 인사를 한다.
너로 인해 여기까지 왔다고.
그리고 잊지 않겠노라 다짐한다.
감사는 언제나 해도 늦지 않다.
세월은 쉼 없이 달리고
나도 그만큼 늙어간다.
누가 달리기 시합을 하자고 한 것도 아니고,
내기하자고 한 것도 아닌데
우리는 여기까지 왔다.
다음엔 어떤 언어들이 시로 태어나
나를 미소 짓게 할까.
조금은 부끄러운 인생,
그러나 자랑스러운 네가 있어
힘들지 않았어.
정말 고맙다. 고마워.